泣ける、
心いやされる、
力がわく

Page-Turner:
A Collection of
51 Moving Tales
in English

英語でちょっといい話

ベストセレクション

ちょっといい話製作委員会 編

アルク

Foreword
はじめに

　「思わず最後まで読み通せるような、興味深い内容のリーディング教材が欲しい」「初心者でも挫折せず多読できるレベルの本に出合いたい」——このようなニーズに応えて企画・制作された「英語でちょっといい話」シリーズは、好評のうちに10年間で多数の書籍を世に出すこととなりました。

　本書はシリーズ中の『英語で泣ける ちょっといい話』『英語で泣ける ちょっといい話2』『英語で心いやされる ちょっといい話』『英語で元気が出る ちょっといい話』『英語でやる気が出る仕事の話』『英語でゾクゾクする ちょっと怖い話』から改めて物語を厳選し、コンセプトを凝縮した形で皆さまにお届けいたします。

　この本には以下のような特徴があります。

- **英語圏で長く広く読み継がれている**：掲載されている物語のほとんどは、英語圏、特にアメリカで長く広く読み継がれている作者不明のものです。有名な、あるいは知られざる実話もあります。多くの人に読まれ、愛されているこれらの物語を通じて、「泣ける」「心がいやされる」「前向きになれる」といった読書体験を味わうことができます。

- **読みやすい語彙・文法レベル**：各物語は、初中級レベルの英単語を中心にリライトされています。やさしい単語と基本的な構文がベースなので、英語でダイレクトに感動が味わえます。

- **無料音声が聞ける**：英文は全てダウンロード音声に収録されています。音読のお手本として、またリスニング、リピーティング、シャドーイングなど「聞く」「話す」力を伸ばすトレーニング教材としてもご活用いただけます。

- **入試や公務員試験に採用**：本書収録の物語は、過去に全国の高校・大学の入試や公務員試験および対策問題集に取り上げられたものばかりです。入試の傾向や難易度を測る目安にしていただけます。

　本書を通じて、心が震える体験とともに「英語でダイレクトに内容を理解できた喜び」「読み切った達成感」を感じていただき、豊饒な英語多読の世界に足を踏み入れるモチベーションとしていただければ幸いです。

アルク出版編集部　ちょっといい話製作委員会

Contents
目次

Chapter I
心温まる／感動する話

Chapter 2
愛についての話

Chapter 3
前向きになる話

+ ──── + ──── +

Chapter 4
怖い話

+ ──── + ──── +

Chapter 5
ためになる／考えさせられる話

Chapter 6
人・社会との関わりについての話

How to use this book
本書の構成と使い方

✳

本書は、長く広く読まれ続けている、
作者不明の「ちょっといい話」を計51編収録しています。

ストーリーのキーワード

ストーリーのタイトル

**ダウンロード音声
トラック番号**
ストーリーの英文の音声は
ダウンロードしてお聞きい
ただけます (p.10参照)

リード文
物語の概要を押
さえましょう。

おもいやり

A Glass of Milk
一杯の牛乳

×

おなかを空かせた貧しい少年は、
心優しい女性に一杯の牛乳を恵んでもらい、大きな隣れしさに包まれる。
時が経ち……。

話の流れをつかもう
1 牛乳をもらった後、少年は何をしたか？
2 時が過ぎて、女性はどんな病気に直面したか？
3 お話の最後で、少年は何に気づいたか？

A young boy from a poor neighborhood was
selling candy door-to-door to get through school.
One day, with only one dollar to his name, he was
so hungry that when he got to the next house, he
wanted to ask for a meal. When a woman of middle

*1 neighborhood：地域
*2 candy：キャンデー、お菓子
（チョコレート、キャラメルなども含む。
日本のキャンディーより範囲が広い）

*3 door-to-door：ドアごとに、戸別訪問して
*4 get through school：学校を卒業する、
学校を卒業する
*5 to one's name：自分の所有として

貧しい地で育ったある少年が、学校を卒業するために家々を回ってキャン
デーを売り歩いていました。ある日、彼は1ドルしか持っておらず、次の家
に着いたら食事を恵んでもらおうと思うほどおなかが空いていました。中年
の女性がドアを開けたとき、彼はおじけづいてしまい、代わりに一杯の水を

age opened the door, he lost his nerve and asked for
a glass of water instead. The woman, not well-off
herself, thought he looked hungry so she brought
him a large glass of milk.

"This is all I have," he said as he slowly finished

*6 lose one's nerve：
おじけづく、気おくれする

*7 well-off：裕福な

お願いしました。その女性自身も決して裕福ではありませんでしたが、おなかが
減っていそうな彼の様子を見て、大きなグラスに注いで牛乳を持ってきてく
れました。
「これしか持っていないんです」彼はゆっくりとその牛乳を飲み干すと、

内容理解のための質問
ストーリーの流れを把握する
ための質問です。解答例は後
ろのページにあります。

英文

語注

日本語訳
英文が難しく感じら
れたら、日本語訳を
参照してみましょう。

物語の英文は、全てアルクの「標準語彙水準SVL12000」*の初中級3000〜4000語レベルの語彙をベースにリライトされています。また、固有名詞や難しいと思われる単語には語注を付け、スムーズに読み進められるよう構成しています。

*「標準語彙水準SVL12000」とは、日本人の英語学習者にとって有用な英単語1万2000語を選び出し、12のレベルに区分した語彙リストです。

ストーリーの語数
一話あたりの単語数です。短いものから読むのもいいでしょう。

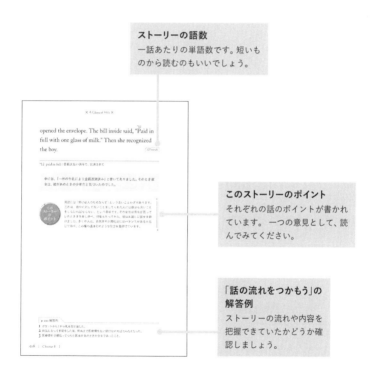

このストーリーのポイント
それぞれの話のポイントが書かれています。一つの意見として、読んでみてください。

「話の流れをつかもう」の解答例
ストーリーの流れや内容を把握できていたかどうか確認しましょう。

物語は「心温まる／感動する話」、「愛についての話」、「前向きになる話」、「怖い話」、「ためになる／考えさせられる話」、「人・社会との関わりについての話」の6つのカテゴリーに分け、収録しています。

無料 英文朗読音声について

スマートフォンやパソコンに無料でダウンロードできます。
トラック1はテキストでは ◀)) 01 のように示されます。

朗読音声は音読、リピーティング、シャドーイング用教材として
活用したり、音声のみでリスニング教材として利用したりする
など、リーディング以外の用途にも幅広くお使いいただけます。

※ゆったりした速さで読まれている物語もありますが、その場合は「slow」と記され
ています。

スマートフォンの場合

以下のURLから学習用アプリ「booco」をインストールの
上、ホーム画面下「探す」から本書を検索し、音声ファイル
をダウンロードしてください。

https://www.booco.jp/

パソコンの場合

以下のサイトで本書の商品コード 7021061 で検索してく
ださい。

アルクのダウンロードセンター

https://www.alc.co.jp/dl/

※アプリ「booco」および「ダウンロードセンター」のサービス内容は、予告なく変更
する場合がございます。あらかじめご了承ください。

イラスト 石山好宏 (p.43, p.65, p.105, p.155, p.161, p.167, p.173, p.265, p.271, p.275, p.291)
倉永和恵 (p.183, p.189, p195)
泰間敬視 (上記以外)

Chapter

I

心温まる／感動する話

+ ——— + ———— +

🔊 01

A Glass of Milk
一杯の牛乳

✳

おなかを空かせていた貧しい少年は、
心優しい女性に一杯の牛乳を恵んでもらい大きな励ましを与えられる。
時が経ち……。

✎ **話の流れをつかもう**

1 牛乳をもらった後、少年は何をしたか？

2 時が過ぎて、女性はどんな困難に直面したか？

3 お話の最後で、女性は何に気づいたか？

A young boy from a poor neighborhood[*1] was selling candy[*2] door-to-door[*3] to get through school.[*4] One day, with only one dollar to his name,[*5] he was so hungry that when he got to the next house, he wanted to ask for a meal. When a woman of middle

---

*1 neighborhood：地域
*2 candy：キャンデー、お菓子
　（チョコレート、キャラメルなども含む。
　日本のキャンデーより範囲が広い）
*3 door-to-door：戸ごとに、戸別訪問して
*4 get through school：学校を出る、
　学校を卒業する
*5 to one's name：自分の所有物として

　貧しい地区で育ったある少年が、学校を出るために家々を回ってキャンデーを売り歩いていました。ある日、彼は1ドルしか持っておらず、次の家に着いたら食事を恵んでもらおうと思うほどおなかが空いていました。中年の女性がドアを開けたとき、彼はおじけづいてしまい、代わりに一杯の水を

age opened the door, he lost his nerve[*6] and asked for a glass of water instead. The woman, not well-off[*7] herself, thought he looked hungry so she brought him a large glass of milk.

"This is all I have," he said as he slowly finished

---

*6 lose one's nerve：
おじけづく、気後れする

*7 well-off：裕福な

お願いしました。その女性も決して裕福ではありませんでしたが、おなかが減っていそうな彼の様子を見て、大きなグラスに注いだ牛乳を持ってきてくれました。
　「これしかもっていないんです」。彼はゆっくりとその牛乳を飲み干すと、

the milk and took the dollar out of his pocket. The woman replied, "You don't owe me anything.[8] My mother taught me never to accept money for kindness. Be strong, young man. You'll be great in the future." The boy left the woman's house feeling not only stronger in his body but also encouraged by her kindness.

After that day, the woman sometimes thought about the boy and her impressions[9] from that day. It was a happy memory for her as she never had any children of her own.

---

*8 You don't owe me anything.：　　　*9 impression：印象
　あなたは私に何の借りもない。

ポケットから1ドル札を取り出して言いました。その女性は「お金を払う必
要なんてないわ。親切をするのにお金を受け取ってはいけないと母から教
わったの。あなた、強くなるのよ。将来あなたは素晴らしい人になるわ」と答
えました。少年がその女性の家を去るとき、彼は体に力がわくのを感じただ
けでなく、彼女の優しさに励まされた気持ちになりました。
　その日以来、女性は時々その少年のこととその日の印象を思い出していま
した。彼女には自分の子どもがいなかったので、それは彼女にとって幸せな
思い出でした。

In time, she got older and finally fell ill. The doctors did not know what was wrong so they sent her to a hospital in the city.

The woman needed a difficult operation. When she woke up, she was very happy to be alive but she knew she faced another challenge. Without health[10] insurance or any family, she knew she would be paying off her medical[11] bills for the rest of her life.

The next day, a doctor knocked on her door. In his hand was a medical bill. He smiled when he gave it to her. "Open it, please." She was nervous as she

---

*10 health insurance：健康保険　　*11 medical bill：医療費(10行目の
　　　　　　　　　　　　　　　　　　　 a medical billは「医療費の請求書」)

時が過ぎ、彼女は歳をとって、ついには病気になってしまいました。医師たちはどこが悪いのか分からなかったので、市内の病院に彼女を移しました。
　その女性は難しい手術を必要としていました。目が覚めたとき、彼女は生きていてよかったという気持ちになったのですが、別の困難に直面していることも知っていました。健康保険もなく家族もいないので、死ぬまで医療費を払い続けなければならないと分かっていたのです。
　その翌日、一人の医師が彼女の病室のドアをノックしました。彼の手には医療費の請求書がありました。彼は微笑みながらそれを彼女に渡しました。「どうぞ開けてください」。彼女は緊張しながら封筒を開けました。請求書の

opened the envelope. The bill inside said, "Paid in full with one glass of milk."[*12] Then she recognized the boy.

307words

---

*12 paid in full：全額支払い済みで、完済されて

中には、「一杯の牛乳により全額返済済み」と書いてありました。そのとき彼女は、彼があのときの少年だと気づいたのでした。

このストーリーのポイント

英語には「情けは人のためならず」という古いことわざがあります。これは、自分に対して良いことをしてくれた人には自分も良いことをしなければならない、という意味です。その女性は男性が困っていたとき手を差し伸べ、何年もたってから、彼はお返しに彼女を助けました。多くの人は、自然界や人間社会にはバランスがあると信じており、この種の話はそのような信念を裏付けています。

p. 012 解答例

1 ポケットから1ドル札を取り出した。
2 病気になって手術をした後、死ぬまで医療費を払い続けなければならなくなった。
3 医療費を全額払ってくれた医者があのときの少年であったこと。

slow 🔊 02

A Little Girl in a Storm
嵐の中の少女

✳

激しい雷雨の午後、
下校中の娘が怖い思いをしているのではないかと心配した母親は、
娘を迎えに行くべく車に乗り込む。
学校へ向かう途中、娘を見つけるが……。

🖊 話の流れをつかもう

1 女の子は稲光が光るたびにどんなことをしていたか？

2 母親は車の窓を下ろして何をしたか？

3 女の子は空が何をしていると思っていたのか？

Every day, a little girl walked to and from school. One morning there were clouds in the sky, but she did not know if it would rain, and so she walked to school as usual. In the afternoon, the winds grew stronger and a thunderstorm began.

---

*1 not know if ... : …かどうか分からない　*3 thunderstorm：激しい雷雨
*2 as usual：いつも通り

　　毎日、女の子は歩いて学校へ通っていました。ある朝、空には雲が出ていましたが、女の子は雨が降るかどうか分からなかったので、いつも通り歩いて学校へ行きました。午後には風が強く吹き、激しい雷雨になりました。

The little girl's mother was worried that her daughter would be frightened as she walked home from school. She was also worried about her daughter having to walk home in the heavy thunderstorm. Flashes of lightning cut through the dark sky like sharp knives. Rolling thunder[*4] followed. Because she was full of concern, the mother got into her car and drove along the route to her child's school.

As she drove, she saw her little girl walking along. At each flash of lightning, the child would stop, look up and smile. Another and another flash followed and with each flash the little girl looked up at the sky and smiled.

---

*4 rolling thunder：雷鳴

女の子の母親は、学校から歩いて家へ帰るときに娘が怖い思いをするのではないかと心配しました。それに、娘が激しい雷雨の中を家まで歩かなくてはならないことも気掛かりでした。稲光が鋭いナイフのごとく暗い空を切り裂きました。続いて雷鳴がとどろきました。不安でいっぱいになった母親は車に乗り込み、通学路に沿って走らせました。

運転していると、娘が歩いているのが見えました。稲光が光るたびに娘は立ち止まり、上を向いてほほ笑んでいました。次から次へといくつも稲光が光り、そのたびに女の子は空を見上げてほほ笑みかけていました。

The mother lowered the car window and called out to the little girl, "What are you doing? Why do you keep stopping?"

母親は車の窓を下ろし、「何してるの？ どうして立ち止まってばかりいるの？」と女の子に呼び掛けました。

The child answered, "I'm trying to smile. The sky keeps taking my picture."

191words

娘は答えました。「にっこりしようと思って。お空がずーっと私の写真を撮っているのよ」

このストーリーのポイント

私たちは成長するにつれ、身の回りのことをいろいろ学び、知らなかったときにどのように感じていたのかを忘れてしまいます。子どもの発想は無限大です。時に彼らは、私たちに想像もつかないようなことを話してくれます。それは間違っているかもしれませんが、それを訂正することが必ずしも良いとは限りません。この話に登場する母親は、娘に何と言うのでしょうね？

---

p. 017 解答例

1 立ち止まって、空を見上げてほほ笑んでいた。
2 「何してるの？　どうして立ち止まってばかりいるの？」と呼び掛けた。
3 ずっと自分の写真を撮っている。

Awful Passenger
ひどい乗客

✳

ニューヨーク行きのフライトで、一人の女性が乗務員を呼びつけた。
何やら不満があるようだ。女性の苦情を聞いてみると、
それは理不尽極まりないもので、周りの乗客も驚きを隠せないでいた。
さて、その女性のクレームは、どのようにして解決されるのだろうか……?

✏ **話の流れをつかもう**

1 白人の中年女性はどんな理不尽なクレームを言ったのか?

2 理不尽なクレームはどのように解決されたか?

3 お話の最後で、周りの乗客はどんな行動をとったか?

On a flight from Dallas to New York, a white woman of middle age found herself sitting next to a black man. She called a stewardess over to complain about her seat.

"What seems to be the problem?" asked the stewardess.

---

*1 find oneself ...：
　　自分が…だと知る・気付く

*2 What seems to be the problem?：
　　どうなさいましたか?

　　ダラス発ニューヨーク行きの飛行機で、ある白人の中年女性が黒人男性の隣の席になったと知りました。彼女は席について文句を言おうと、スチュワーデスを呼びました。
　　「いかがなさいましたか?」とスチュワーデスは尋ねました。

"Can't you see?" she said, "You've sat me next to a black man. I can't possibly sit next to him. Find me another seat!"

"Please calm down," the stewardess replied. "This flight is very full, but I'll tell you what I'll do. I'll go and see if we have any seats available in business class or first class."

The woman gave a mean look at the surprised black man beside her. Many of the surrounding passengers were also surprised. A few minutes later the stewardess returned with good news, which she delivered to the woman, who could not help but look at the people around her with a self-satisfied smile.

"I'm sorry, but as I suspected, economy is full. I

---

*3 Can't you see?：
　分からない？　見えないの？
*4 can't possibly ...：とても…できない
*5 mean look：意地悪な目つき

*6 can't help but ...：つい…してしまう、
　…せずにはいられない
*7 self-satisfied smile：自己満足の笑み

　「見て分からないの？」と彼女は言いました。「私は黒人男の隣に座らせられているのよ。隣に座るなんて無理な話だわ。別の席を探してちょうだい！」
　「どうか落ち着いてください」とスチュワーデスは答えました。「あいにくこの便は満席なのですが、それではこうしましょう。ビジネスクラスかファーストクラスに空いている席がないか見てまいります」
　その女性は隣で驚いている黒人男性を意地悪な目つきで見ました。周りの乗客の多くも驚いていました。数分後、周りの人たちへの自己満足の笑みを

spoke to the services director,[8] and business class is also full. However, we do have one seat in first class." Before the woman had a chance to answer, the stewardess continued, "It is most unusual to

---

*8 services director：パーサー

隠せないでいたその女性のところにスチュワーデスが良い知らせを持って戻ってきました。

「申し訳ないのですが、やはりエコノミークラスは満席でございます。パーサーと話をしましたが、ビジネスクラスも満席とのことです。でも、ファーストクラスに一席だけ空席がございました」。女性が答える間もなく、スチュワーデスは続けました。「このような変更をすることは非常にまれですが、機

make this kind of change, but I have special [*9] permission from the [*10] captain. He agreed that it is not fair for someone to be forced to sit next to such an awful person." The stewardess then turned to the black man and said, "So if you'd like to [*11] collect your things, sir, I have your seat ready for you."

At that point, the surrounding passengers stood up and cheered while the man walked to the front of the plane.

276words

---

*9 permission：許可
*10 captain：機長

*11 collect one's things：荷物をまとめる

長から特別な許可を得ました。そのようなひどい人の隣に座らなければならないのは、お客さまにとって大変不当だと機長も申しておりました」。そしてスチュワーデスは黒人男性の方を向き、「ですのでお客さま、お荷物をお持ちいただければ、もうお席のご用意はできております」と言いました。

　その瞬間、周りの乗客は立ち上がり、男性が機内の前方に歩いて行くのを歓声で見送ったのでした。

この
ストーリー
の
ポイント

この非常識な女性の振る舞いには弁解の余地がありません。しかし、これはスチュワーデスが機転を利かせて難しい問題を解決した素晴らしい話です。

---

p. 021 解答例

1 黒人男性の隣に座るのは無理なので、別の席を探してくれと言った。
2 黒人男性がファーストクラスの席に移ることになった。
3 立ち上がり、黒人男性が機内の前方に歩いて行くのを歓声で見送った。

🔊 04

Hospital Window

病院の窓

✳

寝たきりの二人の男性が、同じ病室に入院していた。
その部屋には窓が一つだけあり、窓際の男性、ジョンは、
一日に一時間は起き上がることを許されていた。
ジョンはその時間にはいつも、窓の外に広がる美しい景色について、
もう一人の男性に話して聞かせていたのだが……。

✐ 話の流れをつかもう

1 ジョンが窓の外の景色を説明してくれているとき、フランクは何をしていたか?

2 実は窓は何に面していたか?

3 看護師が推測したジョンの真意とは何だったか?

Two men, John and Frank, both seriously ill, shared a hospital room. John was allowed to sit up in his bed for an hour each afternoon to improve his breathing. His bed was next to the room's only window. Frank had to spend all his time flat[*1] on his back.

*1 flat on one's back:仰向けに

共に深刻な病を抱えている二人の男性、ジョンとフランクが、一つの病室に入院していました。ジョンは毎日午後に一時間、呼吸を改善するためにベッドから起き上がることを許されていました。彼のベッドはその部屋に一つしかない窓の隣にありました。フランクは常に仰向けで寝ていなければいけませんでした。

The men talked for hours on end.[*2] They spoke of their wives and families, their homes, their jobs, their military service, and places they had been on vacation.

Every afternoon when John could sit up, he would pass[*3] the time by describing to his roommate all the things he could see outside the window. Frank began to live[*4] for those one-hour periods when his world would grow by hearing about all the activity and color of the world outside.

John described a park with a lovely lake. He said ducks and swans played on the water while children sailed their model boats. Young lovers walked arm in arm among flowers of every color, and a fine view

---

*2 on end：続けて
*3 pass the time：
時間をつぶす、暇をつぶす

*4 live for ... :…のために生きる

　二人は何時間もおしゃべりしたものでした。彼らは自分の妻や家族、家、仕事、兵役、そして休暇で行った場所などについて話しました。
　ジョンは、ベッドから起き上がることを許されている午後になると毎日、ルームメートに窓から見えるもの全てを説明して過ごしたものでした。フランクは、外の世界の活動や色全てについて聞くことで自分の世界が広がるその一時間を楽しみに生きるようになりました。

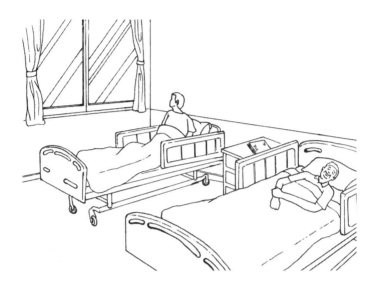

of the city could be seen in the distance. As John described all this in detail, Frank would close his eyes and imagine the beautiful scene.

ジョンはすてきな湖のある公園の説明をしました。彼は、子どもたちがボートの模型を浮かべて走らせている湖でアヒルや白鳥が遊んでいる様子を教えました。若い恋人たちが腕を組んで色とりどりの花の間を歩いており、遠くにはすてきな町の景色が見えました。ジョンがこれらの全てを細かく説明するとき、フランクは目を閉じてその美しい情景を想像したものでした。

Days and weeks passed.

One morning, a day nurse arrived to bring water for their baths only to discover that John had died quietly in his sleep.[*5] John's body was taken away by the hospital staff. As soon as he could, Frank asked if he could be moved next to the window. The nurse made the switch, and after making sure he was comfortable, she left him alone.

Carefully, he moved onto one elbow to take his

---

*5 in one's sleep：寝ているときに、寝ながら

数日が経ち、そして数週間が経ちました。
　ある朝、昼間の担当の看護師が、二人の入浴用の水を持って病室に入ると、ジョンが寝ている間に静かに死んでしまったのを発見しました。ジョンの遺体は、病院のスタッフによって部屋から運び出されました。フランクはすぐに窓の隣に移してもらえるかどうか聞きまし た。看護師は彼を窓際の場所に移し、彼の姿勢が楽なことを確かめた後、彼を一人残して病室から出て行きました。
　外の世界を初めて見ようと、フランクは注意深く、片ひじに体重をかけて

もちろん、ちょっとした親切な行為はいつでも良いことです。そしてこの話は想像力の大切さも強調しています。その盲目の男性は、自分の記憶と想像力を駆使して、同室の男性のために美しい光景を作り出したのです。

first look at the world outside. He slowly turned to look out the window beside the bed. It faced[*6] a blank wall.

Frank told the nurse how his roommate had described such wonderful things outside this window. The nurse said John was blind and could not even see the wall. She said, "Perhaps he just wanted to encourage[*7] you."

330words

---

*6 face a blank wall：
何もない（窓や扉のない）壁に面している

*7 encourage：…を元気づける、…を励ます

移動しました。ベッドの隣にある窓から外を眺めるため、彼はゆっくりと体の向きを変えました。しかし窓の外にはただ何もない壁があるだけでした。
　フランクは看護師に、ルームメートのジョンがこの窓の外の素晴らしい世界をいかに描写してくれたか話しました。看護師は、ジョンは目が不自由で、その壁さえ見えていなかっただろうと言いました。彼女は、「たぶん彼はあなたをただただ元気づけたかったのじゃないかしら」と言いました。

p. 025 解答例

1　ジョンが説明する美しい情景を目を閉じて想像していた。
2　何もない殺風景な壁。
3　彼は目が不自由で窓の外の壁さえ見えていなかったが、フランクを元気づけようとしていた。

🔊 05

57 Cents

57セント

✳

粗末な身なりの少女が、日曜学校に参加できず、
教会の外で泣いていた。通り掛かった牧師は、彼女が中に入れなかった
本当の理由を察し、少女を教会に連れて行き、席を見つけてあげた。
少女は心の底から喜び、
その日の夜からある夢を抱くようになるのだが……。

🖊 話の流れをつかもう

1 少女は何のためにお金を貯めていたか?

2 少女の手紙を読んだ牧師は、教会で働く人たちに何をすることを促したか?

3 新聞記事を読んだ男性は何をしたか?

When you are in the city of Philadelphia[*1], look up
Temple Baptist Church[*2], which can seat 3,300
people, and Temple University[*3], where thousands of
students are trained. Have a look, too, at the Good[*4]

---

*1 Philadelphia:フィラデルフィア
　(米国ペンシルベニア州最大の都市。
　独立宣言の地)
*2 Temple Baptist Church:
　テンプル・バプテスト教会(現在は、
　The Baptist Templeと呼ばれる)
*3 Temple University:テンプル大学
　(フィラデルフィアにある州立大学)
*4 the Good Samaritan Hospital:
　グッドサマリタン病院(現在はTemple
　University Hospitalと呼ばれる)

フィラデルフィア市に行ったら、3300人が入れるテンプル・バプテスト
教会や、何千人もの学生が教育を受けているテンプル大学を見上げてみてく
ださい。また、グッドサマリタン病院や、何百人もの日曜学校の生徒を収容

Samaritan Hospital, and at a Sunday school building
which houses hundreds of Sunday school students.

Near the end of the 19th century, a little girl stood
crying near a small church from which she had been[*6]

---

*5 Sunday school：(教会の) 日曜学校　　*6 be turned away：
　　　　　　　　　　　　　　　　　　　　　　　拒否される、追い払われる

できる日曜学校の建物にも目を向けてみてください。
　19世紀の終わりごろ、小さな少女が、小さな教会の近くで泣きながら立っ

turned away because it was too crowded. "I can't go to Sunday school," she cried to the minister [*7] as he walked by. Seeing her old clothes and dirty appearance, [*8] the minister guessed the reason and, taking her by the hand, took her inside and found a place for her in the Sunday school class. The child was so happy that she went to bed that night thinking of the children who could not go to church.

About two years later, the child lay dead [*9] in a poor building near the church. Her parents called for the kindhearted [*10] minister, who had been a friend to their daughter, to handle the final arrangements. [*11]

---

*7 minister：牧師、聖職者
*8 appearance：外見
*9 lie dead：
　死んでいる（lay は lie の過去形）

*10 kindhearted：心優しい
*11 final arrangements：葬儀、葬式

ていました。人が多すぎるという理由でその教会に入るのを断られたのです。彼女はそばを通り掛かった牧師に「日曜学校に行けないの」と叫びました。その古い服とうす汚れた外見から、牧師は彼女が拒否された理由を察し、彼女の手を取って教会の中に入れ、日曜学校の授業で彼女が入れる場所を見つけてあげました。その子はあまりにもうれしくて、その夜、教会に行けない子どもたちのことを思いながら床に就きました。
　2年ほどたった後、少女は教会の近くのみすぼらしい建物の中で死んでいました。彼女の両親は、娘の友人でいてくれた心優しい牧師を呼び、彼女の葬儀を執り行ってくれるよう頼みました。

As her poor little body was being moved, he found an old, red purse[*12] among her things. Inside he found 57 cents and a note written by a child's hand which read, "This is to help make the little church bigger so more children can go to Sunday school." For two years, she had saved her money to make this gift.

The minister cried as he read the note and knew right away what he would do. Carrying the note and the old, red purse into the church, he told the story of her love and loyalty. He challenged his staff to get busy[*13] raising money for a larger building that would have space to welcome anyone who wanted to

---

*12 purse：財布

*13 get busy -ing：
すぐに…に取り掛かる、…し始める

彼女の小さな遺体を移動させていたとき、彼は彼女の遺品の中にくたびれた赤い財布を見つけました。その中には57セントと、短い手紙が入っており、それには子どもの手書きで、「もっとたくさんの子どもが日曜学校に行けるよう、あの小さな教会を大きくするのにこれを役立ててください」と書かれていました。この贈り物のために、彼女は2年間自分のお金を貯めていたのです。

牧師は彼女の手紙を読みながら泣き、すぐさま自分がすべきことを悟りました。その手紙とくたびれた赤い財布を持って教会に行き、彼女の愛と誠実さについての話を聞かせました。彼は教会で働く人たちに、入りたい人を誰でも迎え入れることができるもっと大きな建物を建てるよう、すぐに募金活

---

come in.

Church members gave as much money as they could, while other checks came[*14] from far and wide.[*15] A newspaper learned of the story and published it. It was read by a man who offered them a parcel of[*16] land worth thousands of dollars. When told that the church could not pay much, he offered it for 57 cents.

361words

---

*14 check：小切手
*15 from far and wide：
　　あらゆる所から、あちこちから
*16 a parcel of land：土地の一区画

動を始めるよう促しました。
　教会員はできる限りのお金を寄付し、また一方で、あちこちから小切手が届きました。ある新聞社はその話を知り、それを紙面で伝えました。ある男性はそれを読んで、何千ドルもの価値がある土地を譲ると申し出ました。教会からあまりお金を支払えないと告げられた男性は、その土地を57セントで譲ったのです。

このストーリーのポイント

この話は実際にあった出来事に基づいています。1886年に亡くなったハッティ・メイ・ワイアットという少女は実在し、彼女は本当に新しい日曜学校のために57セントを貯めていたのです。牧師は彼女の話を伝え、人々は心を動かされました。そしてお金を寄付し、その教会が建てられたのです。この話は小さな子どもの夢が持つ力を証明しています。

p. 030 解答例

1 もっとたくさんの子どもたちが日曜学校に行けるような、大きな教会を建てるのに役立ててもらうため。
2 もっと大きな教会を建てるための募金活動をすぐに始めること。
3 何千ドルもの価値がある土地を57セントで譲った。

🔊 06

Just a Few Drops

ほんの数滴

＊

乾季のため、一滴の水も無駄にはできない日々が続いていた。
そんなある日、幼い男の子が、手で作った「カップ」に何かを入れ、
慎重に、ゆっくりと歩きながら森に向かっていた。
男の子の母親は、そんな息子の後をついて行ってみることにした。
そして、ある感動的な光景を目の当たりにすることになる……。

🖊 話の流れをつかもう

1 ビリーは何をするために森に行っていたのか？

2 前の週に、母親はビリーにどんなことについてお説教をしたか？

3 少年がしていたことを母親が知ったとき、何が起きたか？

Many years ago, we lived in a part of the country that had a dry season[*1] every year. One year, we had not seen rain in almost a month. The crops[*2] were dying. The cows had stopped giving milk. The rivers and streams had all dried up.[*3] Seven local[*4] farmers would soon lose their farms before that dry

---

*1 dry season：乾季
*2 crop：作物、収穫物
*3 dry up：干上がる
*4 local：地元の

何年も前のこと、私たちは、毎年乾季がある地域に住んでいました。ある年、約1カ月もの間、私たちは雨を見ていませんでした。作物は枯れかけていました。牛からは乳が出なくなりました。大きい川も小さい川も全て干上がってしまいました。地元の7軒の農家は乾季が終わるのを待たず、今にも農場

season was through.[*5]

One day, I was in the kitchen making lunch when I saw my six-year-old son, Billy, walking toward the woods. He wasn't walking with the usual easy steps of a small child but with a serious purpose. I could only see his back. He was walking with great effort and trying to be as quiet as possible.

Minutes after he disappeared into the woods, he came running back toward the house. I went back to making lunch thinking that whatever[*6] he had been doing was done. But soon, he was again walking in that slow, careful way toward the woods. This went on for a while: walking carefully to the woods, running back to the house.

I slipped[*7] out of the house and followed him. I was

---

*5 through：終わって
*6 whatever：何にせよ、何であれ
*7 slip out of ...：…をそっと抜け出す

を失いそうでした。
　ある日、私が台所で昼食を作っていると、6歳の息子ビリーが森に向かって歩いて行くのが見えました。彼は小さい子どもがよくやる気楽な足取りではなく、真剣な目的を持っている様子で歩いていました。私には彼の背中しか見えませんでした。彼はとても苦労して歩いていて、なるべく音をたてないようにしていました。
　森に消えてから数分後、息子は走って家の方に戻って来ました。何であれ、やっていたことは終わったのだと思い、私は昼食の準備に戻りました。しか

very careful not to be seen. He had both hands
cupped in front of him as he walked and was being
very careful not to drop what he held in his tiny
hands. Tree branches hit his little face but he did

---

*8 careful not to be seen：
　見られないように注意して

*9 have both hands cupped：
　両手をカップの形にへこませる

しすぐに、息子はまたあのゆっくりとした注意深い様子で森の方に歩いて行
きました。慎重に森に歩いて行っては走って家に戻って来る、これがしばら
くの間続きました。
　私は家からこっそり出て、彼の後をつけました。見られないよう充分注意
しました。彼は体の前で両手をカップのようにすぼめながら歩き、その小さ
な手の中に持っているものを落とさないよう細心の注意を払っていました。
木の枝が彼の小さな顔に当たっても、彼はよけようともしませんでした。そ

not try to avoid them. Then I saw several large deer standing in front of him.

Billy walked right up to them. A huge male was very close. But the deer did not threaten him; he didn't even move as Billy sat down. And I saw a tiny baby deer lying on the ground, clearly thirsty and tired from the heat. It lifted its head to lap up[*10] the water cupped in Billy's hands.

When the water was gone, Billy jumped up and ran back to the house, to a water faucet[*11] that we thought we had turned off. Billy opencd it and a small amount of water began to come out. He waited, letting the water slowly fill up his 'cup.' And

---

*10 lap up：…を舌でピチャピチャ飲む   *11 water faucet：蛇口

して、彼の前に何頭かの大きな鹿が立っているのが見えました。
　ビリーは彼らのすぐそばまで歩いて行きました。巨大な雄鹿が彼のすぐそばにいました。しかしその鹿は彼を怖がらせようとはしませんでした。ビリーが腰を下ろしたとき、鹿は動きもしなかったのです。それから私はまだほんの小さな赤ちゃん鹿が、明らかにのどが渇き、暑さに疲れた様子で地面に寝そべっているのを見ました。その小鹿は頭を上げ、ビリーの両手の中の水をピチャピチャと音を立てて飲みました。
　水が無くなると、ビリーは跳ね上がり、走って家に、そして私たちが止めておいたはずの水道の蛇口のところに戻りました。ビリーが蛇口を開けると、わずかな水が出てきました。彼は自分の手で作った「カップ」に水がゆっくりたまるのを待ちました。そしてそのとき私は理解しました。彼はその前の

then I understood. He had gotten[12] in trouble the
week before for playing with water. We had lectured[13]
him about the importance of not wasting water.

After filling up his 'cup,' he somehow turned off
the faucet by using his elbow. When he stood up
and began the journey back, I was there in front of
him. His little eyes filled with tears. "I'm not
wasting," was all he said. I joined him with a pot of
water from the kitchen. I let him tend to[14] the baby
deer. I stood at the edge of the woods watching him
working so hard to save another life.

As the tears that rolled down my face began to hit
the ground, they were suddenly joined by other

---

*12 get in trouble：
　面倒なことに巻き込まれる

*13 lecture：…に説教する、…をしかる
*14 tend to ...：…の世話をする

週、水で遊んでいてしかられていたのです。私たちは彼に水を無駄遣いしな
いことの大切さをお説教していました。
　自分の「カップ」がいっぱいになると、彼はひじを使ってなんとか蛇口を
閉めました。立ち上がって、来た道をまた戻ろうとしたとき、私はすぐそこ、
彼の目の前にいました。彼の小さな目には涙があふれていました。彼は「僕
は無駄にしてるんじゃない」とだけ言いました。私は台所からくんだ鍋いっ
ぱいの水を持って彼と一緒に行きました。そして彼に赤ちゃん鹿の世話をさ
せました。私は森の端に立って、息子がほかの命を必死で救おうとしている
のを見ていました。
　私の顔を伝った涙が地面に落ち始めると、突然別のしずくも一緒に落ちて

drops ... and more drops ... and more. Some people will probably say that this didn't mean anything, that miracles[*15] don't really exist, that it was bound[*16] to rain sometime. And I can't argue with that — I'm not going to try. All I can say is[*17] that the rain that came that day saved our farm ... just like the actions of one little boy saved another living creature[*18]. [547words]

---

*15 miracle：奇跡
*16 be bound to (do)：
　　…することになっている、
　　…する運命にある

*17 all I can say is ...：
　　私に言えることは…だけ
*18 creature：生き物、動物

きました……何滴も……何滴も。これは何の意味もないことだ、奇跡なんてものは現実には存在しない、どうせいつか雨は降ることになっていたんだという人もおそらくいるでしょう。私はそれに反論することはできません——しようとも思いません。ただ私に言えるのは、その日に降った雨が私たちの農場を救ってくれたということだけです……一人の小さな男の子の行動がほかの生き物を救ったのとまさに同じように。

このストーリーのポイント

ここに出てくる人たちは人生でとりわけ困難な時期に直面していましたが、その小さな男の子は無力な生き物の世話をすることで、どんなに純粋な心を持っているかを示してくれました。

---

p. 035 解答例

1 鹿の赤ちゃんに水を飲ませてあげるため。
2 水を無駄遣いしないことの大切さ。
3 母親が涙を流し、突然雨が降り始めた。

Charlie the Heroic Dog
勇敢な犬チャーリー

✳

犬のチャーリーは、飼い主家族と仲良く暮らしていた。
ある日、この家族を強盗が襲う。家族を守るために強盗を追い払う
チャーリーだったが、その際に脚を撃たれ、保護施設へ行くことに。
チャーリーと飼い主たちが再び平穏に暮らせる日は来るのだろうか……。

🖊 話の流れをつかもう

I チャーリーはなぜ保護施設に連れて行かれたのか?

2 チャーリーに必要な治療を受けさせるために何が作られたか?

3 最終的にチャーリーはどうなったか?

Charlie the dog was at home in Los Angeles with her owners and their two other dogs. She was curled up[*1] on the mother's lap when two burglars[*2] broke in.[*3] All three dogs chased the men out onto the street, followed by the children trying to stop their beloved[*4] pets from getting into danger. As the men were

---

*1 be curled up：丸まって寝る　　　*3 break in：押し入る
*2 burglar：強盗　　　　　　　　　*4 beloved：最愛の

犬のチャーリーは、飼い主と他の2匹の犬と一緒にロサンゼルスの家にいました。チャーリーがお母さんの膝の上で丸まって寝ていると、二人組の強盗が押し入ってきました。チャーリーたち3匹の犬は強盗を通りへ追い払い、子どもたちは愛するペットを危険な目に遭わせまいと後を追い掛けました。

running away, one of them fired several shots.[*5]

The children stopped in their tracks,[*6] but in front of them, two bullets hit Charlie, hurting her front and back right legs. As the children screamed, one of the other dogs tried to help Charlie by pushing her back into the house. The mother is sure that if Charlie had not been in the line of fire,[*7] the bullets would have hit her children.

After the police arrived, Charlie was taken to a shelter,[*8] because her owners could not pay for the surgery[*9] she nccdcd. The whole family cried as they waved Charlie goodbye.

The workers at the shelter fell in love with Charlie, and one of them decided to contact the North Central Shelter Intervention[*10] Program, a program

---

*5 fire：…を発砲する　　　　　*8 shelter：保護施設
*6 in one's tracks：その場で　　*9 surgery：手術
*7 in the line of fire：弾道(上)に　*10 intervention：介入

男たちが逃げ去るとき、一人が何発か銃弾を放ちました。
　子どもたちはその場で立ち止まりましたが、目の前でチャーリーに2発の銃弾が命中し、チャーリーは右の前脚と後ろ脚にけがを負いました。子どもたちは叫び声を上げ、別の1匹がチャーリーを家の中に押し戻して助けようとしました。母親は、もしチャーリーが弾道上にいなかったら、銃弾は子どもたちに当たっていたに違いないと確信しています。
　警察が到着すると、チャーリーは保護施設に連れて行かれました。飼い主

that helps owners pay for medical treatment[*11] for their pets.

That program set up a crowdfunding[*12] page for Charlie, to try to get her the treatment she needed

---

*11 medical treatment：治療

*12 crowdfunding：クラウドファンディング。インターネットを通じて資金を募ること

にはチャーリーに必要な手術の費用を払うことができなかったからです。チャーリーにさようならと手を振りながら、家族全員が泣きました。

保護施設で働く人たちはチャーリーを大好きになり、そのうちの一人が中北部保護施設介入プログラム、つまり飼い主がペットの治療費を払う手助けをするプログラムに連絡を取ることに決めました。

そのプログラムは、チャーリーのためにクラウドファンディングのウェブページを立ち上げました。それは、必要な治療を受けさせて家族の元に返そ

and then get her back to her family.

Their goal was to raise[*13] $4,000. The message on the page read: "Please help us raise the funds to help this loyal and heroic[*14] dog get the care she needs. We want to reunite[*15] her with her family! She misses them very, very much."

Many people responded, and Charlie ended up[*16] having one of her legs amputated[*17].

The family says that Charlie gets around fine on

---

*13 raise：(資金を) 集める、募る
*14 heroic：勇敢な
*15 reunite ... with ~：…を～と再会させる

*16 end up -ing：結局…することになる
*17 amputate：(手足を) 切断する

うというものでした。
　目標は4,000ドルを集めることでした。ウェブページのメッセージには「この忠実で勇敢な犬が、必要な治療を受けられるよう、資金集めにご協力ください。チャーリーを家族ともう一度会わせてあげたいのです！　チャーリーは家族に会えなくて、とてもとても寂しがっています」と書かれていました。
　たくさんの人たちがそれに応え、結局チャーリーは脚を1本切断することになりました。
　家族によると、チャーリーは3本の脚で上手に歩いて回り、すぐに以前の

このストーリーのポイント

犬のチャーリーは、二人の強盗に立ち向かったときに、2発撃たれました。この勇敢な犬の命を救い、家族の元に返すために、355人の愛犬家がクラウドファンディングのサイトを通じ、わずか10日で8,000ドル以上を寄付しました。チャーリーは現在、ロサンゼルスで家族と幸せに暮らしているそうです。

three legs, and that she was soon back to her old self,[18] licking and kissing her family.

And the page created for her?

It raised more than \$8,000 — significantly[19] more than the cost of her surgery. All of the extra money will go to the North Central Shelter Intervention Program, to help them help other pets and their loving owners in the future.

350words

---

*18 lick：…をなめる   *19 significantly：かなり

チャーリーに戻って、家族をなめたりキスしたりしているそうです。

　チャーリーのために作られたウェブページはというと？

　8,000ドル以上のお金が集まったのです――それはチャーリーの手術費用をはるかに上回る額でした。必要以上のお金は全て、この先、他のペットとその愛情あふれる飼い主の救援に役立てるため、中北部保護施設介入プログラムへ送られることになっています。

---

p. 041 解答例

1 飼い主はチャーリーの手術費用を払うことができなかったから。

2 クラウドファンディングのウェブページ。

3 手術で脚を1本切断したが、以前のチャーリーに戻って元の飼い主と暮らした。

slow 🔊 08

One Good Turn Deserves Another

情けは人のためならず

✳

二人の大学生が学費を工面するため、学内でピアノコンサートを
開くことを計画する。しかしチケットは思うように売れず、
ピアニストに支払う謝礼を全額用意できない。
二人はピアニストに不足分の支払いを待ってもらうように頼むが……。

🖌 話の流れをつかもう

1 ピアニストのパデレフスキーは、二人の学生から謝礼の一部のお金を受け取ると何をしたか?

2 ポーランドの首相からの支援の要請に対して、アメリカのある組織はどう対応したか?

3 最後にパデレフスキーはどんなことを知るか?

This is a true story. In 1892 at Stanford University, an 18-year-old student was struggling to pay his school fees. His mother and father were dead, so he didn't know [*1] where to turn for money. One day, he had a bright idea. He and a friend decided to host a

---

*1 where to turn：頼りとするところ

これは、本当にあった話です。1892年、スタンフォード大学で、ある18歳の学生が、授業料の支払いに苦労していました。母親と父親を亡くしていたので、金銭的にどこへ頼れば良いのか分かりませんでした。ある日、彼は名案を思い付きました。彼と友人は、自分たちの教育資金を集めるために、キャ

concert on campus to raise money for their
education.

They contacted the great pianist Ignacy Jan
Paderewski. His manager demanded that they pay a
fee of $2,000 for the piano concert. The boys agreed

ンパスでコンサートを開くことにしたのです。
　彼らは、偉大なピアニストであるイグナツィ・ヤン・パデレフスキーに連
絡を取りました。彼のマネジャーは、そのピアノコンサートへの出演に 2,000
ドルの謝礼を要求しました。少年たちは同意し、コンサートを成功させるた

and began to work to make the concert a success.

The big day arrived. Unfortunately,[*2] they had not managed to sell enough tickets. They could get only $1,600. They went to Paderewski and explained the situation. They gave him the entire $1,600 and they wrote a signed letter promising to pay another $400 as soon as possible.[*3]

"No," said Paderewski. "I cannot accept this." He tore[*4] up the letter, returned the $1,600 and told the two boys, "Here's the $1,600. Use the money to pay your school fees." The boys were surprised, and thanked him a lot.

---

*2 unfortunately：不幸なことに
*3 as soon as possible：できるだけ早く
*4 tear up ...：…を破る
　（tore は tear の過去形）

めに動き始めました。
　ついにその日が来ました。不幸なことに、彼らは十分な枚数のチケットを売ることができませんでした。1,600ドルしか集めることができなかったのです。彼らはパデレフスキーのところへ行き、状況を説明しました。彼に1,600ドル全てを渡し、署名入りの手紙を書いて、あと400ドルをできるだけ早く支払うと約束しました。
　「いや」と、パデレフスキーは言いました。「これは受け取れない」。彼は手紙を破り、1,600ドルを返すと二人の少年に言いました。「ここに1,600ドルある。君たちの授業料を支払うのに使いなさい」。少年たちは驚き、彼にとても感謝しました。

It was a small act of kindness. Why did he help two people he did not know well? We all come[5] across situations like this in our lives. But most of us think, "If I help them, what would happen to me?" The truly great people think, "If I don't help them, what will happen to them?" Great people help others without expecting something in return.[6] They feel it's the right thing to do.

Paderewski later became the prime minister of[7] Poland. He was a great leader, but sadly his country suffered greatly during World War I. There were more than 1.5 million people without food to eat in

---

*5 come across ... : …に遭遇する
*6 in return : お返しに

*7 prime minister of Poland :
　ポーランドの首相

　それは小さな親切でした。なぜ彼はよく知らない二人を助けたのでしょうか？　私たちは皆、人生の中でこのような状況に遭遇します。しかし、ほとんどの人は、「もし彼らを助けたら、自分はどうなるだろう？」と考えます。本当に偉大な人は、「もし彼らを助けなければ、彼らはどうなってしまうだろう？」と考えるのです。偉大な人は、見返りに何かを期待して他人を助けるのではありません。それが正しい行動だと思っているのです。
　その後、パデレフスキーはポーランドの首相になりました。彼は素晴らしいリーダーでしたが、悲しいことに、彼の国は第一次世界大戦の間、非常に苦しみました。ポーランドには、食べるものがない人々が150万人以上いた

Poland. Paderewski did not know where to turn for help. He contacted an organization in the U.S. for help.

The head of that organization was a man called Herbert Hoover, who later became the U.S. president. Hoover quickly shipped tons of food to help the hungry people in Poland.

The worst possible situation was avoided.

のです。パデレフスキーは、どこに助けを求めたら良いか分かりませんでした。彼はアメリカのある組織に支援を要請しました。

その組織の代表はハーバート・フーバーという男性で、後にアメリカ大統領となった人物でした。フーバーはポーランドの空腹の人々を助けるために、何トンもの食糧をすぐに送りました。

予想されうる最悪の事態は回避されました。パデレフスキーは、お礼を言

もしもあなたの知らない人から助けを求められたら、あなたならどうしますか？ その人を助けてあげても、その人とはもう会わないでしょうから、多くの場合、その人からお返しに助けてもらうことはないでしょう。しかし、その人のあなたの親切に対する笑顔と感謝の言葉を想像してみてください。それらはあなたを幸せな気持ちにするでしょう。それに、この実話に出てきたピアニストのように、ひょっとしていつかその人から助けてもらうことが、本当にあるかもしれませんよ！

Paderewski went over to meet Hoover to thank him in person.[*8] When Paderewski began to express his thanks, Hoover quickly stopped him and said, "You don't have to do it, Mr. Prime Minister. Several years ago, two young students were able to go to college thanks to your help. I was one of them."

The world is a wonderful place. What goes around comes around!

411words

---

*8 in person：自分で、じかに

うために、自らフーバーに会いに行きました。パデレフスキーがお礼を述べ始めると、フーバーはすぐに彼をさえぎって言いました。「首相、そのようなことをなさる必要はありません。数年前、あなたが助けてくださったおかげで、二人の若い学生が大学に通うことができました。私はその一人なのです」

世界は素晴らしいところです。自分がしたことは、自分に返ってくるのです！

p. 046 解答例

1 受け取った1,600ドルを二人の学生に返して、授業料の支払いに使うように言った。
2 何トンもの食糧をすぐに送った。
3 ポーランドを支援してくれた組織の代表が、パデレフスキーがかつて助けた二人の学生のうちの一人だった。

Chapter

2

愛についての話

* ——— + ——— *

◀)) 09

A Box Full of Kisses

箱いっぱいのキス

✳

クリスマスの前日のことだった。
3歳の女の子が、金色の紙を使って一生懸命に箱を包んでいた。
どうやら父親へのプレゼントのラッピングをしているようだ。
女の子は一体、父親に何を贈るのだろう……?

🖌 話の流れをつかもう

I 箱を開けた父親は娘に何と言ったか?

2 娘は箱に何を入れたと言ったか?

3 父親は娘にもらった箱をどうしたか?

There was once a father and his three-year-old daughter, Suzie. They didn't have much money, but they lived together happily. One Christmas, Suzie used a roll of gold paper to wrap a box to give to her father. She wrapped it as carefully as she could.
However, Suzie was only three years old and she

---

*1 however：しかし、けれども

　かつて、父親と、スージーという3歳の娘がいました。二人は、あまりお金はありませんでしたが、一緒に幸せに暮らしていました。ある年のクリスマス、スージーは金色の紙を一巻き使って、父親にあげる箱を包みました。彼女はできるだけ注意深く包みました。しかし、スージーはまだ3歳だったの

couldn't cut straight with the scissors. She also tore[*2] the paper and had to patch[*3] it with large pieces of tape. She did her best, but in the end the box didn't look very good.

The next day was Christmas. Suzie gave the golden box to her father.

---

*2 tear：…を破く（tore は tear の過去形）　　*3 patch：…を継ぎ合わせる

で、はさみで真っすぐに切ることができませんでした。それに紙も破いてしまい、大きなテープで継ぎ合わせなくてはなりませんでした。彼女なりに頑張りましたが、結果的に箱はあまり見栄えが良くありませんでした。
　次の日がクリスマスでした。スージーはその金色の箱を父親にプレゼントしました。

"This is for you, Daddy," she said. But when her father opened the box, he found that there was nothing in it.

"Honey,"[*4] he said, "there's nothing in this box. You shouldn't waste[*5] expensive paper for silly things like this."

Suzie looked up at him with tears in her eyes and said, "Oh, Daddy, it's not empty. I blew kisses into[*6]

---

*4 honey：おまえ、君
　　（恋人や妻、子どもへの呼び掛け）
*5 waste：…を無駄遣いする

*6 blow kisses into the box：
　　箱にキスを投げ入れる、
　　箱に向かって投げキスをする
　　（blew は blow の過去形）

　「これ、パパへのプレゼント」と彼女は言いました。しかし、父親が箱を開けたとき、中には何も入っていませんでした。
　「ねえスージー」、彼は言いました。「この箱は空っぽじゃないか。 こんなくだらないことに高い紙を無駄遣いしてはいけないよ」
　スージーは目に涙をためて父親を見上げ、言いました。「パパ、空っぽじゃ

このストーリーのポイント

心からの贈り物ほどかけがえのないものはありません。最も素晴らしい贈り物とは最も高価なものではなく、愛情と、誰かを喜ばせたいという思いで贈られたものです。子どもの手で作られたシンプルな贈り物は、最高級のダイヤモンドより特別なものなのです。

the box. They're all for you, Daddy." The father was [*7] crushed. He put his arms around his little girl, and he [*8] begged her to forgive him.

Suzie's father kept that golden box by his bed for years and [*9] whenever he felt sad, he would take out one of her kisses and [*10] remember the love of the child who had put it there.

226words

---

*7 crushed：打ちひしがれて
*8 beg ... to ~：…に〜するように頼む

*9 whenever he feels sad：
　　悲しい気分のときはいつでも
　　（felt は feel の過去形）
*10 remember：…を思い出す

ないよ。その箱にキスをいっぱい入れたんだから。全部パパのよ」。父親は打ちひしがれました。彼は幼い娘を抱きしめ、許してくれるよう頼みました。
　スージーの父親はベッドの脇にその金色の箱を何年も置いておき、悲しい気分のときはいつでも、キスを一つ取り出して、それを入れてくれた娘の愛情を思い出したのでした。

p. 054 解答例

1 高い紙を無駄遣いしてはいけない。
2 キスをいっぱい入れた。
3 ベッドの脇に何年間も置いておき、悲しい気分のときに箱の中のキスを取り出した。

🔊 10

What Is Love?
愛って何だろう?

✳

「愛とは?」——ある心理学者が出した哲学的な問いに
4歳から8歳の子どもたちが答えている。
子どもたちの言葉は、深く温かいものばかり。
ピュアなハートからつむぎ出された「愛」の形とは?

🖋 話の流れをつかもう

1 7歳のクリスのママは、臭くて汗だくのパパを見て何と言うか?

2 4歳のローレンが「お姉ちゃんが自分を愛している」と思うのはなぜか?

3 8歳のジェシカは、本当に「愛している」ならなぜたくさんそれを言うべきだと思うのか?

Some psychologists[*1] asked a group of 4- to 8-year-olds the following question: "What is love?" The answers they got were broader and deeper than anyone could have imagined. See what you think:

---

*1 psychologist：心理学者、精神科医

心理学者のグループが4歳から8歳の子どもたちに次の質問をしました。「愛って何だろう?」。この問いに対する子どもたちの答えは、誰も想像し得なかったほど幅広く深いものでした。あなたはどう思いますか。

"When my grandmother got old, she couldn't bend[*2] over and paint her toenails[*3] anymore. So now my grandfather does it for her — even though his hands hurt a lot these days. That's love." Rebecca — aged 8

---

*2 bend over：かがむ   *3 toenail：足のつめ

「おばあちゃんは年を取ったから、かがんで自分の足にペディキュアを塗ることができなくなったの。だから今はおじいちゃんがやってあげているの──最近おじいちゃんは手が痛いのに。それが愛だと思う」レベッカ──8歳

"When someone loves you, the way they say your name is different. You just know that your name is safe in their mouth." Billy — aged 4

"Love is when you give somebody most of your [*4] French fries without making them give you any of theirs." Chrissy — aged 6

"Love is what makes you smile when you're tired." Terri — aged 4

"Love is when my mommy makes coffee for my daddy and she drinks a little bit before giving it to him, to make sure the taste is OK." Danny — aged 7

"Love is what's in the room with you at Christmas, if you stop opening presents and listen." Bobby — aged 7

---

*4 French fries：フライドポテト

「自分のことを大好きなだれかが自分の名前を呼ぶとき、なんだか違って聞こえるんだ。その人の口の中で自分の名前は安全なんだって分かる」ビリー —— 4歳
　「自分のフライドポテトをほとんどだれかにあげても、その人のはもらわなくていいと思ったとき、それが愛だわ」クリッシー —— 6歳
　「愛っていうのは、疲れている時に笑顔にしてくれるものだよ」テリー —— 4歳
　「ママがパパのために入れたコーヒーを、味が大丈夫かどうか少し飲んで確かめてから渡すとき、愛だと思う」ダニー —— 7歳
　「クリスマスにプレゼントを開けるのをやめて耳を澄ましたとき、自分と一緒に同じ部屋にいるもの、それが愛だよ」ボビー —— 7歳

"Love is when you tell a guy you like his shirt, then he wears it every day." Noelle — aged 7

"Love is like a little old woman and a little old man who are still happy to see each other, even though they've lived together for their whole lives." Tommy — aged 6

"During my school play[*5], I was on stage and I was very nervous[*6]. I looked at all the people watching me and saw my daddy waving and smiling. He was the only one doing that. I wasn't nervous anymore." Cindy — aged 8

"My mommy loves me more than anybody. I know because she always kisses me to sleep at night." Clare — aged 6

---

*5 play：劇 *6 nervous：緊張して

「自分がシャツを褒めてあげた男の人が毎日そのシャツを着るようになったら、それは愛だよ」ノエル ——7歳
「年を取った女の人と男の人が、人生ずっと一緒に暮らしてきたのに今でもお互いを見て幸せだと感じるとき、それは愛だよ」トミー ——6歳
「学校で劇をやったとき、私は舞台の上ですごく緊張していたの。私をじっと見ている人たちを見たら、パパが笑顔で手を振っているのが見えたの。そんなことをしているのはパパだけだったわ。そのおかげで私はもう緊張しなかったの」シンディ ——8歳
「ママは私のことを誰よりも愛してくれるわ。なぜ分かるかって言うと、夜寝るときに必ずキスしてくれるから」クレア ——6歳

"Love is when Mommy gives Daddy the best piece of chicken." Elaine — aged 5

"Love is when Mommy sees Daddy smelly[*7] and sweaty[*8] and still says he is more handsome than Brad Pitt." Chris — aged 7

"Love is when my pet dog licks[*9] my face when I come home after leaving him on his own[*10] all day." Mary Ann — aged 4

---

*7 smelly：におう、臭い   *9 lick：…をなめる
*8 sweaty：汗だくの   *10 on one's own：独りで

「愛っていうのは、ママがパパにチキンの一番おいしいところをあげること」イレイン ── 5歳
「愛っていうのは、ママが汗だくで臭いパパを見て、それでもパパはブラッド・ピットよりハンサムだって言うこと」クリス ── 7歳
「愛っていうのは、うちで飼っている犬が、一日中一人ぼっちにしたのに、私が家に帰ると顔をなめてくれること」メアリーアン ── 4歳

このストーリーのポイント

この話が示しているように、愛とは一つのことだけを指すわけではありません。愛はいろいろな形を取ります。そういったさまざまな愛の形について考えれば、自分が思っていたよりずっとたくさんの愛が自分の人生にはあると気付くでしょう。

"I know my older sister loves me because she gives me all her old clothes and has to go out and buy new ones." Lauren — aged 4

"When you love somebody, your eyelashes[*11] go up and down and little stars come out of you." Karen — aged 7

"You really shouldn't say 'I love you' unless you mean[*12] it. But if you mean it, you should say it a lot. People forget." Jessica — aged 8

429words

---

*11 eyelash：まつ毛　　　　　　*12 mean：本気で…と思う、本気で…と言う

> 「お姉ちゃんが私のことを愛しているって分かるわ、だって自分が着た洋服を全部私にくれてわざわざ新しいのを買いに出掛けるんだから」ローレン——4歳
>
> 「誰かを愛していると、まつ毛が上がったり下がったりして目から小さな星が出てくるの」カレン——7歳
>
> 「もし本当に思っていないなら『愛している』と言っちゃ駄目よ。でももし本当に思っているなら、いっぱい言うべきだわ。みんなすぐ忘れるから」ジェシカ——8歳

p.058 解答例

1 パパはブラッド・ピットよりもハンサムだ。

2 姉は自分が着た洋服を全部妹のローレンにあげて、新しい服を買いに出掛けるから。

3 人はすぐに忘れてしまうから。

slow 🔊 11

A Real Brother
正真正銘のお兄ちゃん

✳

けんかばかりしていた兄のティミーと妹のシンディー。
ある夏、二人は同じ珍しい病気にかかってしまう。
ティミーは回復に向かうが、シンディーは弱っていくばかり。
妹を助けたいと思ったティミーはある決心をして……。

✏️ 話の流れをつかもう

I 遊びに入れてもらいたいシンディーはどうしたか?

2 シンディーの命を助けるための唯一の方法は何だったか?

3 ティミーは妹を助けるために自分はどうなると思ったか?

Timmy and his sister Cindy fought all the time.
They fought[*1] over which TV show to watch. They
fought over the last cookie in the jar. They fought
over the bathroom.

Timmy was two years older. He did not want

*1 fight over ... : …をめぐって言い争う、…を取り合う
（fought は fight の過去形）

ティミーと妹のシンディーはいつもけんかばかりしていました。二人はどのテレビ番組を見るかでけんかをしました。瓶の中の最後のクッキーをめぐってけんかをしました。トイレを取り合ってけんかをしました。
ティミーは2歳年上でした。シンディーが、野球やタッチ・フットボール

Cindy following along behind him and his friends, hoping to join their games of baseball or touch[*2] football. Cindy often felt lonely because he would yell[*3] at her and tell her to go back home.

They fought almost every day, until one very hot summer day when their mother took them both to the doctor for a cough,[*4] and they learned that they

---

*2 touch football：タッチ・フットボール
（タックルの代わりに両手でタッチする
フットボール）

*3 yell：怒鳴る

*4 cough：せき

の遊びに入れてもらいたくて、自分と友達の後をついてくるのがいやでした。お兄ちゃんが家に帰るよう怒鳴るので、シンディーは寂しくなることがよくありました。

　兄妹はほとんど毎日けんかをしていましたが、それもあるとても暑い夏の日までのことでした。二人ともせきをしているので、お母さんが病院に連れて行くと、二人とも同じ珍しい病気にかかっていることが分かったのです。

both had the same rare[*5] disease.[*6]

They spent several weeks in the hospital. Timmy slowly started getting better. Cindy, on the other hand, was only getting worse. She became weak. Her doctor said to her parents, "You need to prepare[*7] for the worst."

But there was, the doctor said, one hope. Maybe if they gave Cindy some of Timmy's blood — a transfusion[*8] — his blood might help her fight the disease. Since he had gotten much better, his blood must already have the antibodies[*9] she needed.

The doctor went into Timmy's room. She asked

---

*5 rare：珍しい、まれな
*6 disease：病気
*7 prepare for the worst：
　最悪の事態に備える

*8 transfusion：（液体の）注入、
　輸血（blood transfusionとも）
*9 antibody：抗体

　二人は数週間入院しました。ティミーはゆっくりと回復し始めました。一方、シンディーは悪くなるばかりでした。彼女は弱っていきました。担当医は両親に言いました。「最悪の事態も覚悟しておく必要があります」
　しかし望みが一つあります、と担当医は言いました。シンディーにティミーの血をあげれば——つまり輸血をすれば——シンディーが病気と闘う助けとなるかもしれない。ティミーはずいぶん回復したので、彼の血液にはシンディーに必要な抗体がすでにできているに違いないと。
　担当医はティミーの病室に入っていき、尋ねました。「ティミー、あなたの

him, "Timmy, do you think you would be willing to[*10] give your sister a blood transfusion? This might be her only chance at getting better."

The boy's face grew pale. His lower lip trembled.[*11] He looked as if he was about to cry.[*12]

"OK, I'll do it," he said, fighting back tears. "If it[*13] will save her."

Right away, the doctor called into the room the equipment and the staff needed for the transfusion.[*14] Timmy watched, his eyes wide, as the red blood began to flow from his body.

He turned to the doctor and said to her very

---

*10 be willing to ... : …しても構わない
*11 tremble : 震える
*12 be about to ... :
    まさに…しようとしている
*13 fight back ... : …をこらえる
*14 equipment : 機器

血をシンディーにあげてもいいかしら？　彼女が元気になるにはこの方法しかないかもしれないの」

　ティミーの顔は青ざめました。下唇が震えました。今にも泣き出しそうに見えました。

　「うん、そうするよ」と、彼は涙をこらえながら言いました。「シンディーが助かるならね」

　担当医はすぐに輸血に必要な機器とスタッフを病室に集めました。ティミーは目を大きく開いて、自分の体から赤い血液が流れ始めるのを見つめていました。

　彼は担当医の方を向き、とても小さな声で言いました。「先生、一つ聞いて

quietly, "Doctor, can I ask you a question?"

"Of course," she said. "Anything." Everyone in the room went quiet.

"I was just wondering. How long will it take for me to die, without my blood? And will it hurt?"

The doctor looked at his parents, and all of them realized what the boy meant. Timmy believed he was giving all of his blood to his sister. He thought that the transfusion meant giving his life for Cindy's, and yet he was willing to do it.

もいい？」

「ええ、もちろん。何でも聞いて」と担当医は言いました。病室にいる人は皆静まり返りました。

「ちょっと気になってたんだ。血がなくなったら、僕は死ぬまでにどれくらいかかるの？ それと、痛いのかな？」

担当医は両親の方を見ました。そして、この子が何を言おうとしたのか、皆気が付きました。ティミーは自分の血液を全部、妹にあげているのだと思ったのです。彼は、血をあげることはシンディーの命のために自分の命を差し出すことだと思い、それでも構わないと思ったのです。

ティミーは、自分の妹をただの厄介者だと思い、いつもけんかばかりしていました。 しかし、妹が重い病気にかかったとき、彼は自分の命を犠牲にしてでも、妹の命を救おうと決心します。この物語は、子どもの心の優しさを教えてくれます。

"Oh, Timmy," his mother said, leaning over to stroke his face as he lay back, so small against the pillows.

"You are not going to die! Sweet boy, you really do love your sister, don't you?"

With her brother's help, Cindy did get better, and from that point on, she and Timmy did not fight quite as much as before. Timmy even — once in a while — asked if she wanted to join in a game of touch football.

457words

---

*15 lean over：身を乗り出す

*16 stroke：…をなでる

*17 lie back：あおむけに寝る
（lay は lie の過去形）

*18 pillow：枕

*19 from that point on：それからというもの

*20 not ... as much as before：以前ほど…しない

*21 once in a while：たまに、時々

　「まあ、ティミー」、お母さんはそう言って、あおむけに寝た彼の、枕の上のとても小さな顔をなでようと身を乗り出しました。

　「あなたは死んだりなんかしないのよ！ 優しい子、本当に妹のことが大好きなのね」

　お兄ちゃんが助けてくれたおかげでシンディーは本当に元気になり、それからというもの、シンディーとティミーは以前ほどひんぱんにけんかをしなくなりました。それどころかティミーは——時々ですが——シンディーもタッチ・フットボールで遊びたいかどうか、聞いてあげるようになったのでした。

---

p. 064 解答例

I 兄とその友達の後をついて行った。

2 ティミーの血をシンディーに輸血すること。

3 自分の血を全部妹にあげることで、ティミー自身は死んでしまう。

No.

親と妹への愛

🔊 12

The Doll and the White Rose
人形と白いバラ

✳

ある女性が、クリスマスの準備の忙しさに辟易としながら、
大勢の客で込み合ったデパートで買い物をしていた。その女性が
おもちゃ売り場に行くと、人形の髪を触り続けている一人の
男の子に気付いた。しかもその子は、とても悲しそうな表情をしていた。
一体、男の子に何があったのだろう……?

話の流れをつかもう

1 男の子はなぜその人形が欲しかったのか?

2 男の子の話を聞いた女性は彼のために何をしたか?

3 男の子に会った2日後の新聞記事には何があったと書かれていたか?

On the last day before Christmas, I hurried to the department store to buy the gifts I hadn't managed[*1] to buy earlier. When I saw all the people there, I thought "This is going to take[*2] forever. There's always too much to do at Christmas time. It's difficult to find a place to park the car. All the

*1 manage to ...：なんとか…する
*2 take forever：長時間かかる、いっこうに終わらない

クリスマスの前日、私はそれまで買えないでいたプレゼントを買うために、急いでデパートに行きました。そこにいた人たちを見て、私は思いました。「この調子じゃいつまでたっても終わらないわ。クリスマスの時期は毎年やることが多すぎるのよ。車を停める場所を見つけるのだって大変。どの店も

stores are crowded and I have to wait in line forever to pay for my things. I wish I could just go to sleep and wake up when Christmas is over."

While looking at toys for my kids, I noticed a small boy pressing a doll against his chest. He kept touching the doll's hair and looking sad. I didn't have time to worry about him though, so I carried

---

*3 wait in line：一列に並んで待つ　　*4 I wish I could ...：…できたらいいのに

込んでいて、買いたい物の代金を払うにも、長時間列に並ばなきゃいけない。
寝て起きるとクリスマスが終わってたらいいのに」
　子どもたちに買うおもちゃを見ていたとき、小さな男の子が胸に人形を押
し付けているのに気付きました。その子は悲しい顔で人形の髪を触り続けて
いました。ですが彼のことを心配する時間もなかったので、私は買い物を続

on with my shopping.

When I went back to the toy section, the little boy was still holding the doll. Finally, I walked over to him and asked why he wanted the doll so much. He said, "My little sister Kelly loved this doll and wanted it for Christmas. She was so sure that Santa Claus would take it to her." I replied that maybe Santa Claus would bring it to her after all, and not to worry. But he said sadly, "No, Santa Claus can't take it to her where she is now."

His eyes were so sad as he said, "Kelly is gone. Daddy says that Mommy is also going soon, so I thought that she could take the doll with her." My

---

けました。

　おもちゃ売り場に戻ると、その幼い男の子はまだ人形を抱きしめていました。ついに、私は彼のところに歩いて行き、なぜその人形がそんなに欲しいのか尋ねました。彼は、「妹のケリーがこの人形をすごく気に入っていて、クリスマスプレゼントに欲しがっていたんだ。妹はきっとサンタクロースが持って来てくれるって信じてたんだよ」と言いました。私はおそらくサンタクロースがちゃんとそれを持って来てくれるはずだから心配しないように、と答えました。しかし彼は悲しそうに、「ううん、サンタクロースは妹が今いるところにはそれを持って行けないよ」と言いました。

　とても悲しそうな目をしながら、「ケリーはいなくなっちゃったんだ。パパは、ママももうすぐいなくなるんだって言ってるから、それだったらママがケリーに人形を持って行ってあげられるって思ったんだ」と言いました。私

heart nearly stopped. The boy looked up at me and said, "I told Daddy to tell Mommy not to go yet. I want her to wait until I get back from the store." Then he showed me a very nice picture of himself laughing and said, "I also want Mommy to take this picture with her so she won't forget me. But, the store clerk says I don't have enough money to buy this." Then he looked at the doll again.

I quickly reached for my wallet and took out a few bills. I said, "Let's check again. Maybe you do have enough money." I added some of my money to his without him seeing and we counted it. There was enough for the doll, and even some extra. He said,

---

は心臓が止まりそうになりました。その男の子は私を見上げ、「僕はパパにマ
ママにまだ行かないでって言って、ってお願いしたんだ。僕がお店から帰るま
でママに待っていて欲しいから」と言いました。そして、男の子は私に自分
の笑顔が写ったとてもすてきな写真を見せて、「僕のことを忘れないように、
ママにはこの写真も一緒に持って行って欲しいんだ。でも、お店の人が、僕
はこれを買えるだけの十分なお金を持ってないって言うんだ」と言いました。
それから人形をもう一度見ました。
　私は自分の財布に素早く手を伸ばし、お札を何枚か取り出しました。そし
て、「もう一度確かめてみましょう。お金が足りるかもしれないわ」と言いま
した。私は彼が見ていない間に自分のお金をいくらか彼のお金に足して、一
緒に数えました。人形を買うのに十分な、いくらか余る位のお金がありまし

"I have enough!" Then he looked at me and added, "I also wanted to have enough money to buy a white rose for my Mommy, and now I can! You know, my Mommy loves white roses."

Two days after I met the little boy, I read in the newspaper that a drunk driver had hit a car carrying a young woman and a little girl. The little girl had died right away, and the mother had passed away a few days later. I thought they must surely have been the little boy's mother and sister. And, the newspaper said the mother's funeral would be held

---

た。男の子は、「お金が足りる！」と言いました。それから私を見て、「ママに白いバラを買うお金も欲しかったんだけど、これなら買える！　あのね、ママは白いバラが大好きなんだよ」と言いました。

　その男の子に会った2日後、飲酒運転をしたドライバーが若い女性と小さな女の子を乗せた車に衝突したという記事を新聞で読みました。その女の子は即死し、母親はその数日後に亡くなったとありました。私は、二人はあの男の子の母親と妹に違いないと思いました。また新聞には、翌日母親の葬儀

このストーリーのポイント

ホリデーシーズンになると、やるべきことの多さの割に時間が足りず、大きなストレスを感じる人も多いでしょう。しかし、この女性が学んだように、この時期の精神や、人生で一番大切なのは家族であるということを思い出すことが大切なのです。

the next day. I couldn't stop myself from buying a
bunch of white roses and going to the funeral home
where the body of the young woman was lying.

Arriving at the funeral home, the young woman
was holding a beautiful white rose in her hand with
the picture of the little boy and the doll placed on
her chest. The little boy was sitting in the front row,
crying and crying. It broke my heart to see him
feeling so sad.

I left the place crying, feeling that my life had
been changed forever.

584words

---

*5 can't stop myself from -ing：
　…せずにはいられない
*6 a bunch of ... : …の束
*7 funeral home：葬儀場

*8 body：遺体
*9 It breaks one's heart to ... :
　…して胸が張り裂けそう、心が痛む
　（broke は break の過去形）

があると書いてありました。私は居ても立ってもいられず、白いバラの花束
を買って、その若い女性の遺体が安置されている葬儀場に行きました。
　葬儀場に到着すると、その若い女性の手には一輪の美しい白いバラが握ら
れ、胸にはあの小さな男の子の写真と人形が置かれていました。男の子は最
前列に座り、泣きじゃくっていました。彼がひどく悲しんでいるのを見て、
私は胸が張り裂けそうでした。
　私は自分のこれからの生き方が変えられたことを感じながら、涙ながらに
その場を去りました。

---

p. 070 解答例

1 死んだ妹へのクリスマスプレゼントにしたかったから。
2 彼が見ていない間に自分のお金を彼のお金に足してあげた。
3 飲酒運転による交通事故で、若い女性と小さな女の子が亡くなった。

Precious Little Time
ほんの少しの貴重な時間

✳

「パパ、1時間にいくらお金を稼ぐの?」という
5歳の息子の突飛な質問に、父親は「20ドルだ」と答える。
すると今度は、「僕に10ドル貸してくれる?」とお願いされる。
その意図を測りかね、父親はつい息子を叱りつけてしまうが……。

🖌 話の流れをつかもう

1 男の子は枕の下から何を取り出したか?

2 なぜ男の子は父親に10ドル貸してほしいと言ったのか?

3 お話の最後で、男の子は何がしたいと言ったか?

A man came home from work late. He was tired and got angry because he found his 5-year-old son waiting for him at the door.

"Daddy, may I ask you a question?"

"You should be in bed! What is it?" replied the man.

ある男性が、夜遅く仕事から帰宅しました。彼は疲れていました。そして、5歳の息子が玄関で待っていたのに気付くと怒りました。
「パパ、ちょっと聞いてもいい?」
「寝ていないとだめだろう! 何だ?」と男性は答えました。

"Daddy, how much money do you make an hour?"[*1]

"Why are you asking me that? It's none of your business!"[*2] the angry man said.

"I just want to know. Please tell me. How much do you make an hour?" asked the little boy.

---

*1 make：…を稼ぐ   *2 none of one's business：…には関係ない

　「パパ、1時間にいくらお金を稼ぐの？」
　「どうしてそんなことを聞くんだ？ そんなこと、おまえに関係ないだろう！」と男性は怒って言いました。
　「ただ知りたいんだ。教えてよ。1時間にいくら稼ぐの？」と幼い男の子は尋ねました。

"If you must know, I make $20 an hour."

"Oh," the little boy replied with his head down. He looked up and said, "Daddy, may I borrow $10, please?"

The father got even angrier. "Is that why you wanted to know how much money I make? So you can get some to buy a silly little toy or something? Go to your room and go to bed. I work long, hard hours every day and I don't want to waste my money."

The little boy quietly went to his room and shut the door.

---

*3 if you must know：　　　　　*4 silly：くだらない
　　どうしても知りたいなら

「どうしても知りたいなら言うが、1時間に20ドルだよ」
「そう」と幼い男の子はうつむいて答えました。顔を上げた彼はこう言いました。「パパ、僕に10ドル貸してくれる？」
父親の怒りはさらに増しました。「私がいくら稼いでいるのか、おまえが知りたがった理由はそれか？　くだらないおもちゃ何かを買うためにお金をもらおうってことか？　自分の部屋に行って寝なさい。私は毎日長い時間必死に働いているんだぞ。お金を無駄にするのはごめんだ」
幼い男の子は、そっと自分の部屋へ行き、ドアを閉めました。

The man thought about the little boy's questioning, and then he sat down and started to get even madder. "Why did he ask such questions? Why was he so selfish?"

After a while, the man calmed down, and started to think he may have been a little hard on his son. Maybe there was something he really needed to buy with that $10 and he really didn't ask for money very often. The man went to the little boy's room and opened the door.

"Are you asleep?" he asked.

"No, Daddy, I'm awake," replied the boy.

---

*5 get mad：(かんかんに) 怒る、頭にくる　*7 ask for ...：…をくれと頼む
*6 be hard on ...：…にきつく当たる

男性は腰を下ろし、幼い男の子の質問について考えていると、ますます頭にきました。「どうしてあの子はあんな質問をしたのだろう？　何であんなわがままを言ったのだろう？」

しばらくすると男性は落ち着き、息子にちょっときつく当たってしまったのではないかと思い始めました。もしかしたら、その10ドルで本当に買わなくてはならないものがあったのかもしれない。それに、あの子がお金を欲しがるなんてめったにないことだ。男性は幼い男の子の部屋へ行き、ドアを開けました。

「もう寝ているか？」と彼は尋ねました。

「ううん、パパ、起きてるよ」と男の子は答えました。

"I've been thinking, maybe I was too hard on you earlier." said the man. "I'm sorry. It's been a long day[8] and I took[9] my anger out on you. Here's that $10 you wanted."

The little boy sat straight up with a smile. "Oh, thank you, Daddy!" he yelled. Then he reached under his pillow and pulled[10] out some more crushed[11] bills. The man started to get angry again because he saw the boy already had plenty of money.

The little boy slowly counted[12] out his money, then

---

*8 a long day：大変な一日
*9 take one's anger out on ...：
　…に八つ当たりする

*10 pull out ...：…を取り出す
*11 crushed：しわくちゃになった
*12 count out ...：…を数え上げる

　「ずっと考えていたんだが、さっきは厳し過ぎたかもしれないね」と男性は言いました。「すまない。今日は大変な一日だったから、おまえに八つ当たりをしてしまったんだ。ほら、おまえの欲しがっていた10ドルだよ」
　幼い男の子は、笑顔で座り直しました。「わあ、ありがとう、パパ！」と彼は声を上げました。そして枕の下に手を伸ばし、しわくちゃのお札を数枚取り出しました。男の子がすでにお金をたくさん持っているのを見た男性は、また怒りが湧いてきました。
　幼い男の子はゆっくりとお金を数え上げると、父親を見上げました。

このストーリーのポイント

　子どもはいつも親と一緒にいたいと思っています。しかし、親は毎日、仕事や家事などに追われています。そして、多くの親が、そういったことの全てを、子どものためにやっていると思っています。この父親は息子とのやりとりを通して、息子の本当の気持ちに気付きました。この話は、子どもを育てる上で最も大切なことを私たちに教えてくれます。

looked up at his father.

"Why did you want more money if you already had some?" the father complained.

"Because I didn't have enough, but now I do," the little boy replied.

"Daddy, I have $20 now. Can I buy an hour of your time? Please come home early tomorrow. I want to have dinner with you."

The father was[13] crushed and he put his arms around his little son.

`436words`

---

*13 be crushed：打ちひしがれる

　「すでにお金があるのに、どうしてもっと欲しがったりしたんだ？」と父親は文句を言いました。
　「足りなかったからだよ。でも今はあるよ」と幼い男の子は答えました。
　「パパ、今ここに20ドルあるんだ。パパの時間を1時間買える？　明日は早く帰ってきて。僕、一緒に晩ご飯が食べたいの」
　父親は打ちひしがれ、幼い息子を両腕で抱き締めました。

p. 076 解答例

1 しわくちゃの数枚のお札。
2 20ドルで父親の時間を1時間買うため。
3 父親と一緒に晩ご飯を食べたいと言った。

🔊 14

Memos from Your Child
子どもからのメモ

✳

ここで紹介するのは、子どもから親へのお願い。
クスっと笑えるもの、考えさせられるもの、
そしてほろりとさせられるもの……。
子どもたちは親に対してどんな思いを抱いているのだろうか?

✏️ **話の流れをつかもう**

1 いつも文句ばかり言われるとどうなると子どもは言っているか?

2 完ぺきであるふりをしないでと言っているのはなぜか?

3 親は子どもに謝るべきではないと思ってほしくないのはなぜか?

Don't be too upset if I say, "I hate you." I don't really hate you; I'm just sad because you don't understand me.

Don't correct[*1] me in front of people if you can help[*2] it. I'll take much more notice[*3] if you talk to me in[*4]

---

*1 correct：…をしかる、罰する
*2 help：…を避ける、抑える

*3 take notice：
注意する、気付く、関心を持つ
*4 in private：
こっそりと、人目がないときに

　もし僕が「お母さん／お父さん大嫌い」と言ってもあまり怒らないで。本当に嫌いなわけじゃないんだ。分かってもらえなくて悲しいだけ。
　できれば人前でしからないで。こっそり言ってくれればもっと気を付けるよ。

private.

Don't complain all the time. If you do, I shall soon stop listening.

Don't question my [*5] truthfulness [*6] too much. I am easily frightened into telling lies.

---

*5 question：…を疑う、
（…について）問いただす

*6 truthfulness：誠実、正直

　いつも文句ばかり言わないで。そうされるとすぐに耳をふさいでしまうから。
　僕の正直さをあまり疑わないで。すぐに怖くなってうそをついてしまうから。

Don't tell me my fears are silly. They are terribly real to me, and you can help me understand them.

Don't spoil me.[*7] I know I can't have everything I ask for ... I'm only testing you.

Don't be afraid to be firm with me.[*8] I prefer it ... it teaches me right from wrong.[*9]

Don't make me feel that my mistakes are crimes. You should judge me on my intentions,[*10] not my failures.[*11]

Don't try to protect me from everything. Sometimes I need to learn the hard way.[*12]

---

*7 spoil：…を甘やかす
*8 be firm with ...：
　…に毅然とした態度を取る
*9 teach ... right from wrong：
　…に善悪の区別を教える

*10 intention：意図
*11 failure：失敗
*12 the hard way：
　（副詞的に）苦労して、苦い経験から

　僕の恐怖心を馬鹿げていると言わないで。僕はものすごくまじめに悩んでいるんだから、その原因を理解する手伝いをしてほしい。
　僕を甘やかさないで。頼めば何でも手に入るなんて思っていない……ただお母さん／お父さんを試しているだけ。
　僕に毅然とした態度を取るのを恐れないで。僕はそうしてくれた方がいい……善悪の判断ができるようになるから。
　僕の間違いが犯罪であるかのように思わせないで。失敗じゃなく、僕の意図を見て判断してほしい。
　全てから僕を守ろうとしないで。ときには苦い経験から学ぶことも必要だから。

Don't forget I love experimenting.[*13] It's the best way for me to learn, so please put up with it.

Don't make promises you can't keep. It will make me lose trust in you.

Don't say no one day, but yes the next. That completely puzzles me and makes me lose faith in you.[*14]

Don't put me off[*15] when I ask you questions. If you do, you'll find that I stop asking you and start looking elsewhere for advice.

---

*13 experiment：実験する

*14 lose faith in ...：…を信用できなくなる

*15 put ... off：
　　…の気をくじく、ひるませる、はぐらかす

僕はいろいろ試すのが大好きだということを忘れないで。僕にとってはそれが一番よく学べる方法だから、悪いけど我慢して。

守れない約束はしないで。お母さん／お父さんのことを信用できなくなるから。

日によって言うことを変えないで。本当に混乱するし、お母さん／お父さんへの信頼がなくなってしまうから。

僕が質問するとき、はぐらかさないで。ちゃんと取り合ってくれないなら、お母さん／お父さんに聞くのをやめて、どこかほかにアドバイスを求めるようになるから。

Don't ever suggest that you are perfect. It will give me too*16 great a shock when I discover that you're not.

Don't forget that I cannot explain myself as well as I would like. That is why I'm not always accurate*17.

Don't think you should never say sorry to me. Saying sorry shows me I am important, and brings me closer to you.

---

*16 too great a shock：
　あまりにも大きなショック

*17 accurate：間違いのない、正確な

　自分が完ぺきであるふりをしないで。そうじゃないと分かったとき、ショックが大きすぎるから。
　僕は自分のことを思ったように説明できないということを忘れないで。だから時々間違っていることを言うんだ。
　親は子どもに謝るべきじゃないなんて思わないで。謝ってくれることで、自分が大切な存在だってことが分かって、より強いきずなを感じられるようになるから。

このストーリーのポイント

多くの子どもは親に、「これをやっちゃだめ」「あれをやっちゃだめ」と言われます。もし立場が逆転したら、子どもたちもわれわれにやらないよう言いたいことが山ほどあるということを覚えておくと良いでしょう。ですから、彼らに何でも言うことを聞くように期待するならば、われわれ自身の行動も子どもへの要求と同じくらい高い基準に達しているか考えなくてはいけません。

Don't forget how quickly I am growing up. I know it must be very difficult for you to keep pace with me, but please try.

Don't forget that I can't grow without lots of love. The more I receive, the more I'll be able to give.

And please keep yourself ˚fit and healthy. I need you.

_{*18}

[357 words]

---

*18 fit：体の調子が良い

> 　僕の成長の早さを忘れないで。僕のペースについてくるのは大変かもしれないけれど、どうか合わせるようにして。
> 　僕はたくさんの愛がないと育たないってことを忘れないで。たくさんの愛をもらえばもらうほど、もっと与えられるようにもなるんだ。
>
> 　そして、体調に気をつけて健康でいて。僕にはお母さん／お父さんが必要だから。

p. 082 解答例

I すぐに耳をふさいでしまう。
2 そうではないと分かったときにあまりにも大きなショックを受けるから。
3 謝ってもらうことで自分が大切な存在であることが分かり、より強いきずなを感じられるようになるから。

🔊 15

Mother's Day
母の日

✳

ある男性が花屋に立ち寄るところから物語は始まる。
母の日のプレゼントに、花を郵送しようと思ったのだ。
車から降りて花屋に向かう男性の目に止まったのは、
バス停で泣いている女の子の姿。少女が泣いている理由は……。

✏️ 話の流れをつかもう

1 少女はなぜ泣いていたのか?

2 男性の車から降りた少女は何をしたか?

3 男性は自分の母親への母の日のプレゼントのために最後に何をしたか?

A man stopped at a flower shop to order some flowers to be sent to his mother, who lived 200 miles away. He knew it would be better if he could actually go and see his mother, but these days he just didn't seem to have any free time. Besides, he was sure she would understand.

---

*1 don't seem to have ...：
　…はありそうにない

*2 besides：それに、その上

200マイル離れたところに住む母親に送る花を注文するため、ある男性が花屋に立ち寄りました。実際に母親に会いに行く方が良いことは分かっていましたが、このところ自由な時間はとても取れそうにありませんでした。それに、母親は分かってくれるだろうと思っていました。

As he got out of his car, he noticed a young girl
sitting by the bus stop crying. "Hey, what's up?[*3]" he
asked. "Missed[*4] your bus?" "Oh no, the bus doesn't
matter; I can walk," she replied. "But I wanted to
buy a red rose for my mother. The trouble is I only
have 75 cents, and a rose costs two dollars." The

---

*3 What's up?：
　どうしたの？　何があったの？

*4 miss：…に乗り遅れる

　車から降りようとしたとき、彼はバス停のそばに少女が座って泣いている
のに気付きました。「ねえ、どうしたの？」と彼は尋ねました。「バスに乗り遅
れたのかい？」「ううん、バスは関係ないの。歩けるから」と彼女は答えました。
「お母さんに赤いバラを買いたかったの。でも、75セントしかないのに、バラ

man smiled and said, "Come on in with me. I'll buy
you a rose."

He bought the little girl her rose and ordered his
own mother's flowers. As they were leaving he
offered the girl a ride home. "That would be great,"
she said. "If you're sure you don't mind, you can take
me to my mother." "No problem. Just tell me which
way," he answered.

After a few minutes driving the girl asked the man
to stop, and he pulled up to let her out. The girl

---

*5 ride：車に乗せること   *7 let ... out：…を外に出す
*6 pull up：(車を) 止める

一輪が2ドルだから困っていたの」。男性は笑顔で言いました。「一緒においで。君にバラを一輪買ってあげるよ」

　彼はその少女にバラを買い、自分の母親への花を注文しました。店を出るとき、彼は少女に家まで送ってあげると言いました。「それは助かるわ」と彼女は言いました。「もし本当にいいなら、お母さんのところまで連れて行ってほしいの」「問題ないよ。道だけ教えて」と彼は答えました。

　車で数分走ったところで少女は車を止めるよう頼んだので、男性は少女が降りられるよう停車しました。少女は男性にお礼を言い、別れました。彼女

thanked the man and said goodbye.[*8] It wasn't until she was walking hurriedly[*9] through the gates that he realized she was entering a graveyard.[*10] Instead of[*11] driving off,[*12] the man watched on[*13] in disbelief[*14] as the girl bent down[*15] and placed the rose on a freshly dug[*16] grave.

Wiping the tears from his eyes, the man knew at once[*17] what he should do. Life is too short to spend worrying about work and deadlines and all of those other little duties that eat up[*18] your free time. We

---

*8 It wasn't until ~ that ... : 　　～して初めて…だった	*14 in disbelief：信じられない様子で
*9 hurriedly：急いで	*15 bend down：かがむ 　　（bent は bend の過去形）
*10 graveyard：墓地	*16 freshly dug：掘ったばかりの
*11 instead of ... : …の代わりに	*17 at once：すぐに
*12 drive off：車で走り去る	*18 eat up ... : …を使い果す、奪う
*13 watch on：監視する、注視する	

が門を急いでくぐるのを見て初めて、彼は少女が墓地に入って行ったことに気付きました。男性は車で走り去ることをせず、少女が身をかがめて掘りたての墓所にそのバラを置くのを信じられない気持ちで見つめていました。
　目からこぼれる涙をぬぐいながら、男性は自分が何をすべきかすぐに悟りました。人生はあまりにも短く、自由時間を奪ってしまう仕事や締め切り、また、ほかのこまごまとした用事について心配している暇はありません。私

have to make time for the truly important things.
He drove straight back to the flower shop, canceled
his order, and bought a big bunch[*19] of flowers. He then
drove the 200 miles to his mother's house. [332words]

---

*19 bunch：束

> たちは本当に大切なことのために時間を割かなくてはならないのです。彼は
> 花屋に真っすぐ引き返して注文を取り消し、大きな花束を買いました。それ
> から200マイル運転して母親の家に行きました。

このストーリーのポイント

日々やるべきことをこなすうちに、春から夏になり、秋から冬に変
わります。時の流れはあまりにも早く、愛する人たち——いつもい
てくれると私たちが思っている人たち——をなおざりにしがちで
す。この話は私たちに、愛する人にいくら愛を伝えても十分すぎる
ことはないということを思い出させてくれます。

---

p. 088 解答例

1 母親にバラを買いたかったが、お金が足りなかったから。
2 墓地に入っていった。
3 大きな花束を買い、200マイルの距離を運転して母親の家まで行って届けた。

His Father's Eyes
父の目

✳

フットボールに全力を注いでいる息子とその父親は、
とても仲の良い親子だった。息子はごくまれにしか
試合に出られなかったが、父親は、息子のチームの試合には
必ず足を運んでいた。そんな二人に、ある日突然悲しい出来事が訪れる。
そして、ある真実が明らかになる……。

🖊 話の流れをつかもう

I 高校時代、ピーターがフットボールの試合に出たのはどんなときだったか?

2 土曜日の試合に戻って来たピーターは、コーチに何を頼んだか?

3 お話の最後で、ピーターは父親について何と言ったか?

A young man named Peter lived alone with his
father. Peter's father always took very good care of
him. He made him healthy food and took care of
him when he was sick. They talked about everything
and were very close.

Peter was grateful for all his father did for him and

ピーターという名の若者が父親とたった二人で暮らしていました。 ピー
ターの父はいつも彼の世話をよくしていました。健康的な食事を作り、息子
が病気のときには看病をしました。彼らは何についてでも話し、とても仲の
良い親子でした。

　ピーターは父が自分のためにしてくれること全てに、そしていつも自分の

for his father's presence[*1] at his football games. At those games, his father was always sitting in the stands cheering him on. Although Peter didn't get[*2] to play most of the time, his father always continued to cheer. And when Peter got home after a game, his father always praised[*3] him.

Peter loved football and was determined to[*4] try his best at every practice. All through high school[*5] he never missed a practice or a game, but he only got to play for a few minutes on the rare occasions that his team had a big lead.[*6]

When Peter went to college,[*7] he tried out for[*8] the football team. Even though he couldn't play very well, the coach accepted him because he put his[*9]

*1 presence：(…が) いること、存在
*2 get to …：…できるようになる
*3 praise：…を褒める、賞賛する
*4 be determined to …：…を堅く決心している
*5 all through high school：高校時代を通して、高校時代ずっと
*6 have a big lead：大差で勝っている、大きくリードしている
*7 college：大学
*8 try out for …：…のトライアウトを受ける、…の一員になるためのテストを受ける
*9 put one's heart and soul into …：…に全身全霊を込める

フットボールの試合を観に来てくれることに感謝していました。試合の際、父はいつもスタンドに座って彼に声援を送りました。ピーターはほとんど試合に出られませんでしたが、父はいつも応援し続けました。そして、試合の後ピーターが家に帰ると、父はいつも彼を褒めました。
　ピーターはフットボールが大好きだったので、練習では毎回全力を尽くそうと決めていました。高校時代を通して彼は一度も練習や試合を休んだこと

heart and soul into every practice. He also provided the other members with the spirit and energy they badly needed.
[*10]

---

*10 badly：大いに

はありませんでしたが、彼が実際にプレーできたのは、チームがまれに大差で勝っているときの2、3分だけでした。

ピーターは大学に入ると、フットボールチームのトライアウトを受けました。あまりうまくプレーできなかったにもかかわらず、毎回の練習に全身全霊で臨む姿を見て、コーチは彼をチームに入れることにしました。彼はまた、ほかのメンバーが大いに必要としていた精神や活力をももたらしました。

Peter always kept trying and never missed a practice during his four years at college, but it was just like in high school; he only got to play a few times.

One day at the end of his senior[11] football season, he ran onto the practice field and the coach handed him a message. Peter read it and became totally silent. He said quietly to the coach, "My father died in an accident this morning. Is it all right if I miss practice today?" The coach put his arm gently around his shoulders and said, "Take the rest of the week off. And don't even plan to come back for the

---

[11] senior :（高校・大学の）最上級生、
（大学の）4年生

　ピーターは常に努力し続け、大学四年間一度も練習を休みませんでしたが、状況は高校時代と同様でした。実際にプレーできたのはほんの数回だったのです。
　大学4年のフットボールシーズンも終わりにさしかかったある日、練習場に走って行くと、コーチが彼にメッセージを手渡しました。ピーターはそれを読んで、完全に無言になりました。そしてコーチに向かって静かに、「父が今朝事故で亡くなりました。今日は練習を休んでもいいでしょうか？」と言いました。コーチは彼の肩に優しく腕を回して言いました。「今週いっぱい休

game on Saturday."

Saturday arrived, and the game was not going well. In the third quarter,[*12] when the team was ten points behind, Peter quietly slipped into[*13] the locker room and put on his uniform. The coach and the other players were very surprised to see him back so soon. "Coach, please let me play. I've just got to[*14] play today," said Peter. He asked the coach again and again. Finally, feeling sorry for him, the coach gave in.[*15] "All right," he said. "You can go in."

Surprisingly, Peter was doing everything right. He ran, he passed, and he blocked. His team began to

---

*12 quarter：クオーター（フットボールで 1試合を4分の1に区切った時間）

*13 slip into ...：へそっと入る、忍び込む

*14 have got to ...：…しなければならない

*15 give in：降参する、屈する （gave は give の過去形）

みなさい。それに土曜の試合に戻って来ようなんて考えないように」

　土曜日になり、試合の雲行きはあまりよくありませんでした。第3クオーターでチームが10点差をつけられると、ピーターは静かにロッカールームに忍び込み、ユニフォームに着替えました。コーチとほかの選手は、彼がこんなに早く戻って来たのを見てとても驚きました。「コーチ、僕を試合に出させてください。今日は出なきゃいけないんです」とピーターは言いました。彼はコーチに何度も何度も頼みました。コーチはピーターを不憫に思い、ついに屈しました。そして「分かった」と言いました。「出てよし」

　驚いたことに、ピーターは何もかも完璧にやっていました。走り、パスし、ブロックしました。彼のチームは勝ち始めました。試合終了直前の数秒で、

win. In the closing seconds[*16] of the game, he caught a pass and ran all the way across the goal line to get the winning points[*17]. The fans went[*18] wild. His team carried him around on their shoulders.

After the stands had emptied and the team had left the locker room, the coach came to him and

---

*16 in the closing seconds of ...:
…が終わる直前の数秒間で、
…の最後のわずかな時間で

*17 winning point：決勝点

*18 go wild：熱狂する、狂喜する
（went は go の過去形）

彼はパスをキャッチし、ゴールラインを越えて走り抜け、ついに決勝点を入れました。ファンは狂喜しました。チームメートは彼を肩車して回りました。
　スタンドが空っぽになってチームメートがロッカールームを去った後、コーチは彼のところに来て言いました。「ピーター、最高だったぞ！　どうし

親ひとり子ひとりだけで暮らしていると、二人の間には特別な関係が育まれます。ピーターの父が盲目だったことで普通とは違う試練に直面し、ピーターと父の間には特に強い結びつきがありました。また、ピーターは明らかに父を深く愛していました。彼は父を喜ばせるために一生懸命頑張ることで、父への愛を証明したのです。

said, "Peter, you were great! How did you do it?" He looked at the coach, and said, "Well, you know my dad died. What you didn't know is that he was blind.*19" Peter swallowed*20 hard and forced a smile*21, "Dad came to all my games, but I believe today was the first time he could see me play!"

[527words]

---

*19 blind：目の不自由な、盲目の
*20 swallow hard：ぐっと息を飲み込む、
　　必死で涙をこらえる

*21 force a smile：無理やり笑顔を作る、
　　作り笑いをする

てあんなことができたんだ？」。彼はコーチを見て言いました。「あの、僕の父が亡くなったのはご存じですよね。これはご存じないと思いますが、父は盲目だったんです」。ピーターは懸命に涙をこらえ、無理やりに笑顔を作りました。「父は僕の試合全てに来てくれましたが、今日初めて僕のプレーを見ることができたと思うんです！」

---

p. 093 解答例

I 彼のチームがまれに大差で勝っているとき。
2 彼を試合に出させてくれるよう頼んだ。
3 亡くなった父親は盲目で、その日初めて彼のプレーする姿を見ることができたと思う。

slow 🔊 17

Two Brothers

二人の兄弟

✳

農場を一緒に切り盛りしている兄弟は、
所帯持ちと独身という違いはあれど、
一日の終わりに、その日の収穫や利益を全て平等に分けていた。
しかし、互いに「自分はもらい過ぎだ」と感じて、
毎晩あることを実行するが……。

🖌 話の流れをつかもう

1 二人の兄弟は毎晩何をしていたか?

2 二人の兄弟は、何年もの間どんなことに戸惑っていたか?

3 真実を知った二人の兄弟は、最後にどうしたか?

Two brothers worked together on the family farm.
One was married and had a large family. The other
was single. At the end of each day, the brothers
shared all of their produce[*1] and profit[*2] equally.

One day the single brother said to himself, "It's

---

*1 produce：農産物、収穫   *2 equally：平等に

二人の兄弟が、家族経営の農場で一緒に働いていました。一人は結婚していて、大家族でした。もう一人は独身でした。日々の終わりに、兄弟は収穫や利益の全てを平等に分けていました。
ある日、独身の方は思いました。「収穫と利益を平等に分けるのはおかしい。

not right that we share the produce and the profit equally. I'm alone and my needs are simple." So each night he took one of his [*3] sacks of [*4] wheat and quietly walked across the field between their houses, and left it outside his brother's house.

---

*3 sack：ずだ袋　　　　　　*4 wheat：小麦

私は独り者だから、必要なものなんて知れている」。そこで、彼は毎晩自分の小麦の袋を一つ持って、二人の家の間にある畑を静かに横切ると、もう一人の兄弟の家の外に置きました。

At the same time, the married brother said to himself, "It's not right that we share everything equally. After all, I'm married and I have a wife and children to look after me in years to come. My brother has no one to take care of him in the future." So each night, he took a sack of wheat and left it for his single brother.

---

*5 after all：何と言っても
*6 look after ...：
  …の世話をする、面倒を見る

*7 in years to come：将来
*8 take care of ...：
  …の世話をする、面倒を見る

同じ頃、結婚している方は思いました。「全てを平等に分けるのはおかしい。何と言っても、私は結婚しているから、この先面倒を見てくれる妻と子どもたちがいる。私の兄弟には将来世話をしてくれる人が誰もいない」。そこで、彼は毎晩一袋の小麦を持って、独身の兄弟のために置いておきました。

このストーリーのポイント

兄弟や姉妹の間で、全てを平等に分けることは当然のことだと、あなたは思っているかもしれません。子どもの頃からそうするよう心掛けている人もいるでしょう。しかし、この兄弟は、その考えに疑問を持ちます。生活に必要としているものがそれぞれ違うことに気付いたからです。彼らは互いに相手の生活を気遣い、行動を起こします。そして、その行いは、両者に真の幸福を平等にもたらすのです。

For years, both men were puzzled[*9] that their supply[*10] of wheat never seemed to decrease. Then one dark night, the two brothers ran into[*11] each other. Slowly it became clear[*12] to them what was happening. They dropped their sacks and put their arms around each other tightly.[*13]

(203words)

---

*9 puzzle：…を悩ます、当惑させる
*10 supply：供給量
*11 run into ...：…にばったり出会う

*12 become clear：明らかになる
*13 put one's arms around each other tightly：固く抱き合う

　　何年もの間、自分たちの小麦の量が全く減らないことに、二人とも戸惑っていました。すると、ある真っ暗な夜、二人の兄弟は偶然出くわしてしまいました。何が起きていたのか、二人は徐々に悟りました。彼らは手に持っていた袋を落とすと、固く抱き合いました。

p. 100 解答例

1 自分の小麦の袋を一つ持って、互いの家の外に置いていた。
2 自分が受け取る小麦の量が全く減らないこと。
3 手に持っていた袋を落として、固く抱き合った。

slow 🔊 18

Power of Love
愛の力

✳

ケイトは双子を出産するが、先に生まれたジェイミーの命は
助からなかったと告げられる。ケイトと夫のデイビッドは、
ジェイミーの最期をせめて幸せなものにしてあげたいと思い、
二人でジェイミーを抱き締めたところ……。

✎ 話の流れをつかもう

1 ケイトはどんな方法で双子を出産したか?

2 ケイトと夫はジェイミーをしっかりと抱き締め、どんなことを語り掛けたか?

3 ジェイミーを抱き続けたケイトは何を確信したか?

Kate and David in Australia were looking forward
to becoming parents of twins. Before their babies
were even born, they named them Emily and Jamie.

Kate was only 6-and-a-half months pregnant when
she started having problems. Doctors told her that

---

*1 ... months pregnant：妊娠…カ月

オーストラリアに住むケイトとデイビッドは、双子の親になるのを楽しみ
にしていました。赤ちゃんたちがまだ生まれてもいないうちから、エミリー
とジェイミーと名付けていました。
　ケイトの体に問題が起こり始めたとき、ケイトはまだ妊娠6カ月半でした。

she needed to have a C-section[*2] right away.

She said that she wanted to try to give birth naturally, and the staff agreed to help her do that.

Jamie was born first, and then Emily, each in their own birth sacs[*3]. Emily gave a loud scream when she

---

*2 C-section：帝王切開
（Caesarean section の略。
Julius Caesar がこの方法で生まれたと
伝えられることに由来している）

*3 birth sac：羊膜

医師はすぐに帝王切開を受ける必要があると告げました。
　彼女は自然分娩で産みたいと言い、スタッフは協力することに同意しました。
　ジェイミーが先に生まれ、次にエミリーが生まれました。それぞれ羊膜に包まれていました。エミリーは羊膜から引き出されると大きな産声を上げま

was pulled from the sac, but Jamie was quiet.

The medical team worked on Jamie for 20 minutes. At that point, Jamie had no movement, no sounds of breathing and no response to touch.

The doctor finally turned to Kate and asked her if she had a name picked out for her son. She told them yes, his name was Jamie.

The doctor said, "Jamie didn't make it.*⁴ We've lost him."

Emily was taken to the intensive care unit*⁵ for premature babics.*⁶

The doctor sat down at the edge of Kate's bed, still holding Jamie, who was now wrapped in a blanket.

---

*4 make it：回復する、命を取り留める   *6 premature baby：未熟児
*5 intensive care unit：集中治療室（ICU）

したが、ジェイミーは静かでした。
　　医療チームは20分間、ジェイミーに治療を施しました。その時点で、ジェイミーは全く動かず、呼吸音もせず、触っても反応を示しませんでした。
　　医師はとうとうケイトの方を向き、もう息子の名前を決めてあるかどうか尋ねました。彼女は「はい、名前はジェイミーです」と答えました。
　　医師は、「ジェイミーは助かりませんでした。亡くなりました」と言いました。
　　エミリーは未熟児のための集中治療室に連れて行かれました。
　　医師はケイトのベッドの端に座りました。医師は毛布にくるまれた ジェイミーを、まだ抱きかかえていました。医師はケイトに話し掛けましたが、ケ

The doctor began talking to Kate, but she was not listening to a word he said.

"I don't want him wrapped in that blanket by himself while he passes away," she thought.

She took the tiny child away from the doctor and said that they wanted some time alone with the baby. The doctor left the room.

Then Kate asked her husband to take off his shirt, so that both of them could hold him close and he could feel the warmth[*7] of their skin. After all, he had just spent months inside the warmth of his mother's body, hearing her heart beat.

His mother and father held him close and spoke to

---

*7 warmth：温かさ、思いやり

イトには一言も聞こえていませんでした。
「この世を去ろうとしているときに、独りぼっちでそんな毛布にくるんでおいたりしたくないわ」と彼女は思いました。
彼女はとても小さな赤ちゃんを医師から抱き上げ、しばらく自分たちだけにしてほしいと言いました。医師は部屋から立ち去りました。
それからケイトは、夫にシャツを脱ぐように頼みました。二人でジェイミーをしっかりと抱き締め、ジェイミーが二人の肌のぬくもりを感じられるように。何しろ、ジェイミーは母親のおなかのぬくもりの中で、母親の心臓の音を聞きながら、先ほどまで数カ月過ごしてきたのです。
母親と父親は彼をしっかりと抱き締め、語り掛けました。妹がいることを

him, telling him he had a sister and making him promises about the future.

After about five minutes, Jamie began to move a little. A doctor who was passing told the couple that these small movements were part of dying.

Kate said later, "If he was on his way out of the[*8] world, we wanted him to know who his parents were and to know that we loved him before he died." They were trying to make his last moments happy ones.

Then those moments began to turn into hours. Kate was sure that Jamie was breathing. Then they saw him grab David's finger.[*9]

---

*8 on one's way out of ...： 　　*9 grab：…をつかむ、握る
　…から出る途中で

話したり、将来について約束したりしました。
　5分ほどたつと、ジェイミーが少し動き始めました。通り掛かった医師が夫婦に、こうした小さな動きは亡くなる過程で起こるものだと言いました。
　「もしジェイミーがこの世を去っていくところだったなら、彼が逝ってしまう前に両親が誰なのか知ってほしかったし、私たちがとても愛していたことを知ってほしかったんです」とケイトは後に言いました。二人は、ジェイミーの最期の瞬間を、幸せなひとときにしようとしていました。
　その後、その瞬間は数時間になりました。ケイトはジェイミーが息をしていると確信していました。それに、ジェイミーがデイビッドの指を握るのを見たのです。

They tried to call a doctor back to the room, but the doctors did not want to come. So they made up[*10] a story. They told a nurse that they could live with[*11] the baby's death, but they wanted the doctor to explain it. The nurse called him back into the room.

When the doctor lifted Jamie from his mother's chest, the boy gave a weak cry, like a kitten. He was alive!

The doctor listened to Jamie's heart and just kept shaking his head and saying, "I don't believe it, I don't believe it."

Jamie and Emily are now 5. "Nobody can tell he had such a different start," his mother said.

---

*10 make up a story：
　　作り話をする、作り事を言う

*11 live with ... :…を受け入れる

　　二人は医師を部屋に呼び戻そうとしましたが、医師は来ようとしませんでした。それで二人は作り話をしました。赤ちゃんの死を受け入れる覚悟はあるが、医師に説明をしてほしいのだと看護師に話したのです。看護師は、医師に、部屋へ戻るよう伝えました。
　　医師がジェイミーを母親の胸から持ち上げたとき、その男の子は弱々しい泣き声を上げました。まるで子猫のように。彼は生きていたのです！
　　医師はジェイミーの心音を聞き、「信じられない、信じられない」と言いながら首を振るばかりでした。
　　ジェイミーとエミリーは現在5歳です。「始まりがこんなに普通と違ってたなんて、誰にも分からないわ」と母親は言いました。

The parents waited until the twins were old enough to tell them the story. When they did, Emily burst into tears[*12] and just kept hugging[*13] Jamie.

Today, Jamie and Emily love to tell people that Jamie was once dead but is now alive.

564words

---

*12 burst into tears：突然泣き出す　　*13 hug：…を抱き締める

　　両親は、双子たちに物心が付くころになって初めてこの話をしました。話をするとエミリーはわんわん泣き出し、ジェイミーを抱き締めるばかりでした。

　　今では、ジェイミーとエミリーは、ジェイミーが一度死んでまた生き返ったんだと人に話すのが大好きなのです。

このストーリーのポイント

これは2010年3月25日に、オーストラリアの病院で実際にあった話です。母親と父親の愛情のこもったスキンシップが、赤ちゃんを生き返らせた奇跡として英語圏の国々で感動を呼びました。未熟児を両親の肌で温める方法は、オーストラリアでは「カンガルーケア」と呼ばれていて、保育器が入手しにくい貧しい地域で実践されています。

p. 104 解答例

1 自然分娩。
2 ジェイミーに妹がいることや将来についての約束。
3 ジェイミーが息をしていること。

🔊 19

A Parent's Love
親の愛

✳

病気の父親とその息子が居間でくつろいでいたとき、
一羽のハトが窓辺に止まった。
父親は物忘れをする病気を患っていたこともあり、
「あれは何だ?」と同じ質問を繰り返す。
そんな父親に対して息子はぞんざいに答えたのだが……。

🖊 話の流れをつかもう

1 「あれは何だ?」と繰り返す父親に対して、なぜ息子はぞんざいな態度を取ったのか?

2 同じ質問を繰り返す幼い息子に対してどんな気持ちになったと父親の日記に書かれていたか?

3 お話の最後で、息子は父親に対してどのように思ったか?

Not long before my father died[*1], we were sitting on the sofa together and suddenly a pigeon[*2] sat by the window. My father asked, "What is that?" I replied, "It is a pigeon."

---

*1 not long before ... : …の少し前　　*2 pigeon : ハト

父が亡くなる少し前、私たちが一緒にソファーに座っていたところ、突然ハトが窓辺に止まりました。父は私に、「あれは何だ?」と聞くので、私は「ハトだよ」と答えました。

After a few minutes, my father asked a second time, "What is that?" I said, "Dad, I told you just now. It's a pigeon."

After a little while, he asked me again, "What is that?" I started to lose my patience and said in a loud voice, "It's a pigeon, a pigeon!"

I knew I was being cruel to my father, but I was getting tired of taking care of him. You see, my father had an illness that made him forget things. He forgot where he put things and sometimes asked the same question again and again. Sometimes he couldn't even remember my name. Every day, I had to make sure he ate his meals and changed his clothes and took a bath. Sometimes he couldn't remember to do those simple things.

---

*3 a second time：もう一度

*4 lose one's patience：
我慢できなくなる、しびれを切らす

　2、3分後、父は私にもう一度「あれは何だ？」と聞いてきたので、私は「お父さん、今言ったじゃない。ハトだよ」と言いました。
　少し経つと、父は私にまた「あれは何だ？」と尋ねました。私は我慢できなくなってきて、大きな声で「ハトだよ、ハト！」と言いました。
　私は自分が父にひどいことをしていると分かっていましたが、父の世話をすることに疲れてきていました。お分かりかと思いますが、私の父は物忘れをする病気を患っていたのです。彼はどこに物を置いたのか忘れ、時々同じ

After his funeral, I was cleaning out my father's[*5]
room and found an old diary. It seemed that he had
been writing it since I was born. Reading through it,
I found a page that said,

---

*5 clean out ...：
     …の中を片付ける、空にする

質問を何度も何度も聞いてきました。時には私の 名前さえ思い出せないこと
もありました。毎日、私は父が食事を済ませたか、着替えをしたか、お風呂に
入ったか確認しなければなりませんでした。時として、父はそうした単純な
ことをするのさえ覚えていられませんでした。
　父の葬儀の後、私は父の部屋を片付けていて、古い日記を見つけました。
父は私が生まれてからずっとそれを書いていたようでした。ひととおり目を
通していると、こう書いてあるページを見つけました。

"Today my little son, who is now three years old, was sitting with me on the sofa, and a pigeon was sitting by the window. He must have asked me about 20 times what it was, and I replied to him every time that it was a pigeon. I held him close [6] *each time he asked me. It's difficult to explain but each time he asked me, it made me love him even more."*

---

*6 hold ... close：…をひしと抱く、ぎゅっと抱き締める

「今日、今3歳の息子が私と一緒にソファーに座っていたところ、ハトが窓辺に止まっていた。息子は私にそれが何か、20回は聞いてきたに違いない、そして毎回私は息子にそれはハトだよと答えた。聞かれるたびに私は彼をぎゅっと抱き締めた。説明するのは難しいが、聞かれるたびに、私は息子にますます愛情を感じた」

親は、子どもが行儀の悪いことをしたり、親を怒らせるようなことをしたりしても、子どもを愛しています。この話は、人は皆、かつて子どもだったことがあり、どんなことをしたり言ったりしても、親が大切にしてくれたことを思い出させてくれます。その愛情を思い出し、我慢強く、思いやりをもって接することが大切なのです。

After reading his diary, I was so sorry for how I'd treated my father and I regretted not being kinder to him. But, it was too late …

父の日記を読んだ後、私は自分の父への接し方を思うととても申し訳ない気持ちになり、そして父に対してもっと優しくすればよかったと後悔しました。でも、もう遅すぎたのです……。

p. 111 解答例

1 父親の世話をすることに疲れてきていたから。
2 聞かれるたびに、息子にますます愛情を感じた。
3 もっと優しくすればよかったと後悔したが遅すぎた。

slow 🔊 20

What's Cooler than Freckles?

そばかすよりも格好いいのは？

✳

顔にそばかすのたくさんある男の子が、祖母と一緒に
動物園へ出掛ける。ある行列に並ぶ女の子に話し掛けた男の子は、
頬のそばかすをばかにされて傷ついてしまう。
そのとき、祖母が孫に掛けた言葉は……。

✎ 話の流れをつかもう

1 行列に並ぶ子どもたちは何を待っていたのか？

2 おばあさんは小さい頃、いつもどんなことを思っていたか？

3 そばかすよりも格好いいものは何かと聞かれた男の子はどうしたか？

An old woman and her grandson lived in a small town. The grandson had a lot of bright freckles[*1] all over his face.

One day, they spent the afternoon at the zoo. While walking around looking at different kinds of animals, they saw a lot of children waiting in line[*2] in

---

*1 freckles：そばかす   *2 wait in line：一列に並んで待つ

　ある小さな町に、年配の女性と孫息子が住んでいました。孫息子には目立つそばかすが顔中にたくさんありました。
　ある日、二人はその日の午後を動物園で過ごしました。いろいろな動物を見て歩き回っていると、特設テントの前でたくさんの子どもたちが一列に並

front of the special event tent.

The little boy asked one of the girls in the line what they were waiting for. She told him that they were there to get their cheeks painted by a local artist. The artist would draw the children's favorite animals on their cheeks.

---

*3 get one's cheek painted：頬に絵を描いてもらう

んで待っているのが見えました。
　幼い男の子は、並んでいる女の子たちのうちの一人に、何を待っているのか尋ねました。女の子は、地元のアーティストから頬にペイントしてもらうのだと言いました。アーティストが、子どもたちの頬に好きな動物を描いてくれるのでした。

"You've got so many freckles on your face. There's no place to paint anything on your cheeks!" the girl in the line said to the little boy.

The little boy was sad and looked down. His grandmother knelt[*4] down next to him. "I love your freckles. When I was a little girl, I always wanted freckles," she said, while gently touching the boy's cheek. "The artist can draw a nice leopard[*5] on your cheek. Besides, freckles are wonderful."

---

*4 kneel down：膝をつく　　　　　　*5 leopard：ヒョウ
　（kneltはkneelの過去形）

> 　「あなたの顔はそばかすだらけね。あなたのほっぺには描く場所がどこに
> もないわ！」と並んでいる女の子は幼い男の子に言いました。
> 　幼い男の子は、悲しくてうつむきました。おばあさんは彼の隣で膝をつき
> ました。「私はあなたのそばかすが大好きよ。私は小さい頃、いつもそばかす
> が欲しかったわ」と男の子の頬に優しく触れながら言いました。「アーティス
> トはあなたのほっぺに立派なヒョウが描けるわ。それに、そばかすってすて
> きよ」

このストーリーのポイント

家族や友人が落ち込んでいて、あなたにはその原因が分かっている
とき、あなたはその人に何と言うでしょうか？　優しい言葉で励ま
すことができるかもしれませんね。面白いことを言ってにっこりさ
せることだってできるかもしれません。このおばあさんは、孫にあ
る質問をしています。きっと彼女は、そばかすも含めて自分のこと
を愛しなさいと伝えたいのでしょう。

The little boy looked up and said, "Really?" "Of course," said the grandmother. "Can you tell me one thing that's cooler than freckles?"

The little boy thought for a moment, carefully looked at his grandma's face, and softly said to her, "Wrinkles." [*6]

220words

---

*6 wrinkle：しわ

幼い男の子は顔を上げて「本当？」と言いました。「もちろん」とおばあさんは言いました。「そばかすよりも格好いいものを一つでも言えるかしら？」
　幼い男の子は少し考え、おばあさんの顔をじっくり観察してから、そっと言いました。「しわだよ」

I 地元のアーティストに頬に動物の絵を描いてもらうこと。
2 そばかすが欲しかった。
3 おばあさんの顔をじっくり観察して、「しわだよ」と答えた。

slow 🔊 21

Susan and Mark
スーザンとマーク

✳

医療ミスで視力を失ったスーザンは、バスで通勤している。
ある日突然、暗闇の世界で生きることになったスーザンが、
いかにして再び自立した生活を送れるようになったのか?
彼女のそばにはいつも、彼女を見守る夫、マークの存在があった。

🖊 話の流れをつかもう

1 視力を失って苦しむスーザンを見て、マークは何をすることを決心したか?

2 マークは二週間毎日、制服を着て何をしたか?

3 バスの運転手はなぜスーザンが幸せだと言ったのか?

A young woman with a white stick carefully got onto the bus. She paid the driver and, while she was using her spare hand to feel the seats, walked along the aisle[*1] until she reached the seat he'd told her was empty. Then she sat down, placed her bag on her lap and rested[*2] her stick against her leg.

---

*1 aisle：(座席の間の)通路　　　*2 rest：…を置く、休ませる

　白いつえを持った若い女性が、慎重にバスに乗りました。運転手に代金を払うと、もう一方の手を使って座席の位置を探りながら通路を歩き、運転手が彼女に空いていると教えてくれた席にたどり着きました。そして座席に腰を下ろし、膝の上にかばんを置き、足につえを立て掛けました。

It was a year ago that Susan, 34, became blind. Due to a medical error she was suddenly thrown into a world of darkness, anger, and self-pity.[*3] Once[*4] a truly independent woman, Susan now felt weak and helpless, and hated having to trouble everyone around her. "Why did this happen to me?" she

---

*3 self-pity：自己憐憫、自分を哀れむこと　*4 once：かつては、昔は、一度

　34歳のスーザンが視力を失ったのは、一年前のことでした。医療ミスのせいで、彼女は突然、暗闇と怒りと自己憐憫の世界に放り込まれました。かつては真に自立した女性であったスーザンは、今や弱さと無力感を覚え、周囲の人々に迷惑をかけてしまうことが嫌でした。「どうして私はこんなことに

would ask, but she got no answer.

And even though she cried and complained and prayed, she knew her sight was never going to return. Just living each day was difficult. She was happy she had her husband Mark.

Mark was an Air Force officer and he loved Susan with all of his heart. When she first lost her sight, he watched her suffer and was determined to help his wife get the strength and confidence she needed to become independent again.

Finally, Susan thought she was ready to return to her job. But now she was too frightened to take the bus. Mark offered to drive her to work each day.

---

*5 Air Force：空軍

*6 help ... get ~：
…が～を手に入れるのを手助けする

なったのかしら？」とよく問い掛けたものでしたが、答えは見つかりませんでした。
　でも、どんなに泣いたり不満を言ったり祈ったりしても、自分の視力が決して戻らないことは分かっていました。毎日を乗り切るだけで精いっぱいでした。夫のマークがいてくれて、彼女は幸せでした。
　マークは空軍将校で、心の底からスーザンを愛していました。視力を失った当初、彼女が苦しむのを見て、彼は妻が再び自立するために必要な強さと自信を取り戻す手助けをする決心をしました。
　ついにスーザンは、仕事に戻る覚悟ができたと思いました。けれど、今は怖くてバスに乗ることができませんでした。マークは、毎日車で職場まで送っていくことを申し出ました。

At first, this seemed to be a good idea. Soon, however, Mark realized that it was difficult, and cost a lot of money. How could he tell Susan that she had to take the bus again?

When Mark told her, Susan said, "I'm blind! How am I supposed to know where I'm going? I feel like you're leaving me."

Mark's heart broke to hear these words, so he promised Susan that each morning and evening he would ride the bus with her until she got the hang of it.

Each day, for two weeks, Mark, dressed in his uniform, accompanied Susan to and from work. He

---

*7 be supposed to ... : …することを　　*8 get the hang of ... : …のこつをつかむ
　　期待される、…することになっている　　*9 to and from work : 仕事の行き帰り

　　最初は、これはいい考えのように思われました。しかし、すぐにマークは、これは大変な上にお金がたくさんかかると気付きました。スーザンにもう一度バスに乗らなくてはいけないと、どうして彼が伝えられるでしょうか？
　　マークがスーザンに伝えると、彼女は言いました。「私は目が見えないのよ！ 自分がどこへ行こうとしているのか、どうやったら分かるっていうの？ あなたは私を見捨てるのね」
　　マークはその言葉を聞いて心を痛め、毎日朝と夕方、スーザンがこつをつかむまで、バスに一緒に乗ることを約束しました。
　　二週間の間、マークは制服を着て、毎日スーザンの仕事の行き帰りに付き

taught her how to rely on her hearing to determine where she was, and how to get used to her new environment. He helped her become friends with the bus drivers who could watch out for her, and save her a seat. He made her laugh, even on those not-so-good days.

Each morning they made the journey together, and Mark would take a cab back to his office. Although this cost more money and was more tiring than driving her, Mark knew Susan would soon be able to ride the bus on her own. He believed that she would never give up.

---

*10 get used to ... ：…に慣れる
*11 watch out for ... ：
　 …に目を配る、気を付ける

*12 save ... ~ ：…に〜を確保する、残しておく

添いました。彼は彼女に、聴力によって自分がどこにいるか知る方法、そして新しい環境に慣れる方法を教えました。彼は、彼女に目を配ってくれ、席を確保してくれるバスの運転手と彼女が仲良くなる手助けをしました。あまり調子が良くない日でも、マークはスーザンを笑わせました。
　毎朝、二人は一緒に行き、マークはタクシーで自分の職場に戻りました。これは彼女を車で送っていくより、もっと費用がかかる上に疲れて大変でしたが、マークはスーザンがすぐに自分でバスに乗れるようになると分かっていました。彼は、彼女が決して諦めないと信じていたのです。

※ Susan and Mark ※

Finally, Susan decided that she was ready to try the trip alone. Monday morning arrived, and before she left, she threw her arms around Mark.[*13]

She thought of his loyalty, his patience, his love and her eyes filled with tears. That morning for the first time, they went their separate ways. Each day went perfectly. She was doing it! She was going to work all on her own!

On Friday morning, as Susan was paying her fare, the driver said, "Oh, you are so lucky." Susan didn't know if the driver was speaking to her or not.

So she asked the driver, "Why do you say that?"

---

*13 throw one's arms around ...：勢いよく…に抱きつく

　ついに、スーザンは一人で職場へ行く決心をしました。月曜日の朝になりました。出掛ける前に、彼女はマークに勢いよく抱きつきました。
　彼の誠実さ、忍耐力、愛の深さを思い、彼女は目に涙をためていました。その朝初めて、二人は別々の道に向かいました。毎日、完璧にいきました。彼女はうまくやっていました！　自分一人で出勤したのです！
　金曜日の朝、スーザンが運賃を支払っていると、運転手が言いました。「本当に、あなたはとても幸せな人ですね」。スーザンは、運転手が自分に話し掛けているのかどうかもよく分かりませんでした。
　そこで彼女は運転手に尋ねました。「なぜそんなふうにおっしゃるのです

The driver answered, "It must feel so good to be taken care of and protected like you are." Susan didn't know what he was talking about, so she asked again, "What do you mean?"

The driver answered, "You know, every morning for the past week,[*14] that gentleman in the uniform has been standing across the road watching you when you get off the bus. He makes sure[*15] you cross the street safely and he watches you until you enter your

---

*14 the past week：
　過去一週間、この一週間

*15 make sure ... ：…を確認する

か？」。運転手は答えました。「あなたのように大事にされて守られているのは、幸せに決まってます」。スーザンは何のことか分からなかったので、また質問しました。「どういう意味ですか？」

　運転手は答えました。「ほら、この一週間、毎朝制服を着た紳士が道路の向こう側に立っていて、あなたがバスを降りるのを見守っているんです。彼は、あなたが無事に道路を横断するのを確かめて、あなたが会社の建物に入るま

家族や友人が困っているとき、助けてあげる方法はいろいろあります。自力でできないことを抱えている人のために、何かしてあげることもできます。その人が何かしようとしているときにサポートしてあげることもできます。また、マークのように、ただ見守ることもできるのです。

office building. Then he blows you a kiss, and walks away. You are very lucky."

Tears of happiness ran down Susan's cheeks. For[*16] although she couldn't see him with her eyes, she had always felt Mark's presence. She was so lucky, for he had given her a gift more powerful than sight,[*17] a gift she didn't need to see to believe — the gift of love that brought light to the darkness.

[693words]

---

*16 for ... :（その理由は）…だから

*17 a gift she didn't need to see：
目で見る必要がない贈り物、
目には見えない贈り物

で見守っているんですよ。それからあなたに投げキスをし、立ち去ります。あなたは本当に幸せですね」

　幸せの涙がスーザンの頬をつたいました。というのも、自分の目で彼の姿を見ることはできませんでしたが、彼女はいつもマークの存在を感じていたからです。彼女はとても幸せでした。彼が視力よりも力強い贈り物、目で見なくても信じることができる贈り物を彼女にくれたのですから。それは、暗闇に光をもたらす、愛の贈り物でした。

p. 120 解答例

I スーザンが再び自立するために必要な強さと自信を得る手助けをすること。

2 スーザンが一人でバスに乗れるように、スーザンの仕事の行き帰りに付き添い、スーザン自身がどこにいるか知る方法や新しい環境に慣れる方法を教えた。

3 スーザンがバスを降りて道路を横断し会社に着くまでの様子を、マークが毎朝道路の向こう側に立って見守っていたから。

Chapter

3

前向きになる話

· ——— ·

◀)) 22

The Cracked Pot
ひびの入ったかめ

＊

インドのある水運び人は毎日、
主人の家まで大きな二つのかめで水を運んでいた。
実は、片方のかめにはひびが入っていて、そのかめは、
満杯の水を運べない自分をいつも責めていたのだが……。

🖋 話の流れをつかもう

1 完ぺきでない自分を責めるひびの入ったかめに対して、水運び人は何をする
よう言ったか?

2 水運び人は毎日小川から歩いて戻る際に、ひびの入ったかめをどのように利
用していたか?

3 ひびの入ったかめは最後にどんなことを知ったか?

A water carrier[*1] in India had two large pots[*2], each
hung[*3] on the end of a pole which he carried across
his shoulders. One of the pots was perfectly made
with no cracks or holes. The other pot had a crack[*4]

---

*1 carrier：運ぶ人
*2 pot：つぼ、かめ

*3 hung：hang (…をかける、つるす) の
過去分詞形
*4 crack：ひび

インドのある水運び人は大きなかめを二つ持っており、両肩に渡した竿の
両端に一つずつぶら下げて水を運んでいました。一つのかめはひびも穴もな
く、完ぺきな出来でした。しかしもう一つの方にはひびが一つ入っており、

in it, so that by the time the water carrier reached his master's house it was only half full.

This situation went on daily for two years, with the carrier delivering only one and a half pots of water to his master's house. Of course, the perfect pot was proud that it was doing such a good job. But

---

*5 master：主人

そのため、水運び人が主人の家に着くころには、中の水は半分だけになっていました。
　この状況は2年間続き、水運び人は毎日、かめ一杯と半分だけの量の水を主人の家に届けていました。もちろん、完ぺきな方のかめはとても良い仕事

the poor cracked pot was ashamed of its fault, and disappointed that it was only able to manage half of what it was supposed to do.

After two years of this bitter failure, the cracked pot spoke to the water carrier one day by the stream. "I am ashamed of myself, and I want to say sorry to you." "Why?" asked the carrier. "What are you ashamed of?" "I have been able, for these past two years, to deliver only half my load, because this crack in my side lets the water drip out all the way back to your master's house. Because I'm not perfect, you have to do all of this work, without getting full value for your efforts," the pot said.

---

*6 poor：かわいそうな、哀れな
*7 ashamed of ...：…を恥じて
*8 fault：短所、欠陥
*9 stream：小川
*10 drip out：滴り出る、ポタポタと落ちる
*11 full value：十分の価値

をしていることに自信を持っていました。しかし、ひびの入ったかわいそうなかめは自分の欠陥を恥じ、すべき仕事の半分しかできていないことに落胆していました。

　2年間このつらい失敗を経験した後、ひびの入ったかめはある日、小川のそばで水運び人に言いました。「自分が恥ずかしいです。それにあなたにも謝りたくて」「なぜ？」と水運び人は言いました。「何を恥じているんだい？」「この2年間、私は自分の荷の半分しか運べませんでした。というのも、脇にあるひびのせいで、ご主人様の家に帰るまでずっと水が滴り落ちてしまうのです。私が完ぺきでないために、あなたは同じように仕事を頑張っても、努力に見合った価値を得られません」とそのかめは言いました。

The water carrier was surprised that the old cracked pot felt this way, and said, "As we return to the master's house, I want you to notice the beautiful flowers along the path."

So, as they went up the hill, the old cracked pot took notice[*12] of the sun warming the beautiful wild flowers at the side of the path, and this cheered it a little. But at the end of the journey, it still felt bad for having let half of its water drip away, and so again the pot said sorry to the carrier for its failure.

The carrier said to the pot, "Didn't you notice that the flowers were only on your side of the path, and not on the other pot's side? That's because I have

*12 take notice of ... ：…に気付く、注目する

水運び人は、古い方のかめがこんなふうに感じていたことに驚き、言いました。「ご主人様の家に帰るとき、この小道沿いに咲く美しい花々を見てごらん」

そう言われ、そのひび割れた古いかめは、丘を登るとき、太陽のぬくもりを浴びて道端に咲く野生の美しい花々に気を留め、少し元気になりました。しかしその道のりが終わるころには、また水の半分をこぼしてしまったことに罪悪感を持ちました。そして水運び人に自分の失敗を再度謝りました。

水運び人はかめに言いました。「君が通った側だけに花が咲いていて、もう片側には咲いていなかったことに気付かなかったのかい？　なぜなら、僕は

always known about the crack in your side, and I took advantage of it.[*13] I planted flower seeds[*14] on your side of the path, and every day while we walked back from the stream, you've watered[*15] them. For two years I have been able to enjoy watching these beautiful flowers grow. I've also picked them to display on my master's table. Without you being just[*16]

---

*13 take advantage of ... :
　…を利用する、…を生かす
*14 seed：種

*15 water：…に水をやる
*16 be just the way you are：
　ありのままでいる

君の側面にあるひびのことを前から知っていて、それを利用したからなんだよ。君が通る側にだけ花の種をまいておいて、毎日小川から歩いて帰るとき、君は彼らに水をまいてくれたんだよ。僕は2年間この美しい花々が育つのを見て楽しむことができた。それだけじゃなく、その花たちを摘んでご主人様のテーブルの上にも飾ったのさ。君が今の君でなかったら、ご主人様もこの

このストーリーのポイント

実は、私たちは皆、ひびの入ったかめなのです。それぞれが自分だけの欠点を抱えています。しかしこの違いを受け入れれば、それを使って世界をより面白く、より良い場所にすることも可能なのです。そもそも、もしみんなが全く同じなら、世界には驚きも、発見も、もちろん、美しさもないでしょう。ですから、自分が欠点だと思うものを恐れないでください。それを受け入れ、この世には完璧なものなんてないのだ、違いがあるからこそ共に美しい世界を築くことができるのだということを覚えていてください。

the way you are, he would not have had this beauty
to grace[*17] his house."

From that day forward, the cracked pot knew that
what it had thought of as a weakness was actually a
strength. Now on their daily journey along the path,
the cracked pot was proud of the water dripping
from the crack in its side.

478words

*17 grace：…を優雅にする、飾る

美しい花で家を優雅に飾るという恩恵にあずかることができなかっただろう」
　その日以来、ひびの入ったかめは、自分が今まで弱点だと思っていたことが実は強みであるということを知りました。今では、毎日小道を通る道すがら、ひびの入ったかめは自分の脇のひびから水が滴り落ちるのを誇らしく思うようになりました。

p. 130 解答例

1 ご主人様の家に帰るときに、小道沿いの美しい花を見るように言った。
2 かめのひびから滴り落ちる水を使って花に水をまいていた。
3 今まで弱点だと思っていたことが実は強みであるということ。

slow 🔊 23

The Trouble Tree
苦労の木

✳

> 「私」は家の修繕のために大工を雇うが、初日はいくつもの
> アクシデントが重なり、仕事にならなかった。大工を家まで送り、
> 二人で玄関へ向かう途中、彼は小さな木の前で立ち止まり、
> 両手で枝の先に触れる。その行為の意味とは……?

✎ 話の流れをつかもう

I 仕事の初日に大工に起こった不運な出来事とは何か?

2 自宅のドアを開けた大工は、どのように様子が変わったか?

3 大工が家に帰ると木の枝の先に触れた理由は何か?

The carpenter I hired to help me renovate*[1] an old house had a rough*[2] first day on the job. A flat tire*[3] made him an hour late for work, his electric saw*[4] stopped working, and then his old truck refused to*[5] start.

---

*1 renovate：…を修理する、修繕する
*2 rough：ひどい
*3 flat tire：パンクしたタイヤ

*4 electric saw：チェーンソー
*5 refuse to ...：…することを拒む

　　古い家の修繕を手伝ってもらうために雇った大工は、不運な初仕事の一日を送りました。パンクしたタイヤのせいで仕事が1時間遅れ、チェーンソーは動かなくなり、その上古いトラックはぴくともしなくなりました。

That evening, as I drove him home, he sat in his seat quietly. After we arrived at his house, he invited me in to meet his family. When we walked toward the front door, he stopped at a small tree [6] for a short period and touched the tips of the branches with

---

*6 for a short period：しばらくの間

　その夜は私が、彼を車で家まで送りましたが、彼は黙ってシートに座っていました。彼の家に到着すると、彼は家族に会わせようと私を招き入れてくれました。玄関に向かって歩いていく途中、彼は少しの間小さな木のところで立ち止まり、両手で枝の先に触れました。

both hands.

When he opened the door, his mood completely changed. His dark face was smiling and he held his two small children tightly and gave his wife a kiss.

Afterward, as he walked me to the car, I asked him why he had touched the tree.

"Oh, that's my trouble tree," he replied. "I know I can't help having troubles on the job. But one thing

---

*7 can't help ...ing：…せずにはいられない

　ドアを開けると、彼の雰囲気は一変しました。暗かった彼の顔は笑顔になり、二人の小さい子どもをぎゅっと抱き締め、妻にキスをしました。
　その後、彼が私を車まで歩いて見送ってくれたとき、私は彼が木に触れた理由を尋ねました。
　「ああ、あれは私の苦労の木です」と彼は答えました。「仕事に苦労は付き物だということは、よく分かっています。しかし、一つ確かなことがありま

このストーリーのポイント

最善を尽くしてもうまくいかないこともあるでしょう。職場や学校で失敗をすれば、落ち込むでしょう。人生に悩みは付き物です。ですから、悩み続けることは良い考えではありません。一日の終わりには、悩み事はどこかへ追いやって、いったん気持ちをリセットしてみては？　そうすれば、次の日はきっと心が軽くなっているはずです。

is for sure: — troubles don't belong in the house with my wife and my children. So I just hang them up on the tree every night when I come home. Then in the morning I pick them up again."

"The funny thing is," he smiled, "when I come out in the morning to pick them up, there are never as many as I remember hanging up the night before."

230words

---

*8 for sure：確実に

す——苦労は、妻や子どもたちがいる家には似つかわしくありません。だから、毎晩家に帰ると、あの木に苦労を引っ掛けておくのです。そして、朝になると、またそれらを引き取るのです」
　「不思議なことに」と彼はほほ笑みながら言いました。「朝取りにくるときには、前の晩に掛けたほどには大して引っ掛かっていないんですよ」

p. 136 解答例

1 タイヤがパンクして仕事に1時間遅刻し、チェーンソーが動かなくなり、古いトラックがびくともしなくなった。
2 彼の雰囲気が一変し、暗い顔が笑顔になった。
3 仕事の苦労を木に引っ掛けて、家の中に持ち込まないようにするため。

Become a Lake

湖 になりなさい

✳

不幸な若者が、人生を変えるためのアドバイスを求めて、
ある年配の教師を訪ねる。教師は若者に、水の入ったグラスに
少量の塩を加えて飲むように言う。それから、今度は同じく少量の塩を
湖に入れるように言うのだが、その真意は……?

🖊 話の流れをつかもう

1 教師は、人生の苦しみとは何であると若者に言ったか?

2 私たちが感じる「苦しみ」の量について、教師はどのように言ったか?

3 教師の言う、つらいときにできるたった一つのこととは何か?

Once an unhappy young man went to an old
teacher and told him that he had a very sad life and
wanted to know how he could change it.

The old teacher told the unhappy young man to
put a little bit of salt in a glass of water and then to
drink it.

---

*1 a little bit of ... : 少しの…

　昔、ある不幸な若者が年配の教師のところへ行き、自分はとても悲しい人
生を送っていて、それを変える方法を知りたいと伝えました。
　年配の教師はその不幸な若者に、グラスの水に塩を少量入れて、それを飲
むように言いました。

"How is it?" the teacher asked.

"Awful," the young man said, shaking his head. [*2]

The teacher laughed and then asked the young man to take another little bit of salt and put it in a lake. The two men walked in silence to the local lake and then the young man threw the salt into the lake.

---

*2 shake one's head：首を横に振る（否定のしぐさ）

「どうだ？」と教師は尋ねました。

「ひどい味です」と首を横に振りながら、若者は言いました。

　教師は笑うと、今度は若者にもう一度塩を少量取り、それを湖に入れるよう言いました。二人は黙って近くの湖まで歩いていきました。それから、若者は塩を湖に投げ入れました。

The old man said, "Now drink from the lake."

As drops of water were falling from the young man's chin, the teacher asked, "How is it?"

"Good!" said the young man.

"Can you taste the salt?" asked the teacher.

"No." said the young man.

The teacher sat next to the troubled young man,

---

*3 as ... :…しているときに   *4 troubled：悩んでいる

年配の男性は言いました。「さあ、湖の水を飲んでみなさい」
若者があごから水滴を垂らしていると、教師は尋ねました。「どうだ？」
「おいしいです！」と若者は言いました。
「塩の味がするかな？」と教師は尋ねました。
「しません」と若者は言いました。
教師は悩んでいる若者の隣に座り、彼の手を取って言いました。「人生の苦

このストーリーのポイント

悲しいときやつらいとき、つらく感じるあまり、つらさの原因となる問題を解決しようとするかもしれません。しかし、解決は困難だと感じるかもしれません。そのようなとき、あなたは何をするべきでしょう？ もしあなたが、別の観点から問題やつらいことを捉えれば、つらさを和らげることができるのではないでしょうか。さあ、視野を広げましょう！

took his hands, and said, "The pain of life is pure salt; [*5] no more, no less. The amount of pain in life remains the same, exactly the same. But the amount we taste the 'pain' [*6] depends on the bowl we put it into. So when you are in pain, the only thing you can do is to start taking a large view of things. Stop being a glass. Become a lake."

235words

---

*5 no more, no less：
　それ以上でもそれ以下でもない

*6 depend on ...：…次第だ

しみは混じり気のない塩なのだ。それ以上でもそれ以下でもない。人生の苦しみの量はいつも同じ、全く同じなんだよ。しかし、私たちが感じる『苦しみ』の量は、それを入れる器次第だ。だから、つらいときにできることはただ一つ、物事を広い視野で捉え始めることだ。グラスでいるのをやめなさい。湖になりなさい」

p. 140 解答例

1 混じり気のない塩であり、それ以上でもそれ以下でもない。
2 苦しみの量はいつも同じであり、それを入れる器次第だ。
3 物事を広い視野で捉え始めること。

slow 🔊 25

Keep Your Goals in Sight

ゴールは見えるところに

✳

イギリス海峡を泳いで渡ることに成功した女性が、
今度はカタリナ海峡横断に挑戦する。濃い霧に視界をさえぎられながらも、
女性は母親や指導者からの声援を受けながら泳ぎ続ける。
十数時間の奮闘の結果は、果たして……?

✎ 話の流れをつかもう

I フローレンス・チャドウィックはゴールまであと半マイルの海上で、何をしてほしいと頼んだか?

2 二カ月後、彼女は何をしたか?

3 二カ月前と違っていたのはどういう点か?

When she looked ahead, Florence Chadwick saw nothing but a solid wall of fog. Her body couldn't feel anything. She had been swimming for nearly 16 hours.

---

*1 nothing but ... :…だけ   *2 solid wall of fog：厚い霧の壁

フローレンス・チャドウィックが前方に目を向けると、分厚い霧の壁しか見えませんでした。彼女の体は何も感じることができませんでした。彼女は16時間近く泳いでいました。

She was already the first woman to have swum the[*3]
English Channel in both directions. Now, at 34,
her goal was to become the first woman to swim
from Catalina Island[*4] to the California coast.[*5]

---

*3 the English Channel：イギリス海峡
（イギリスとフランスを隔てる海峡で、
ドーバー海峡などもこれに含まれる）

*4 Catalina Island：カタリナ島（アメリカ・
カリフォルニア州の島。ロサンゼルスの
沖合約40キロメートルに位置する）

*5 the California coast：
カリフォルニア州の沿岸地域

　すでに彼女は、イギリス海峡を両岸から横断泳した最初の女性でした。34
歳になった今、彼女の目標は、カタリナ島からカリフォルニアの海岸まで泳
ぐ最初の女性になることでした。

On that 4th of July morning in 1952, the sea was like an ice bath, and the fog was so thick that she could hardly see her support boats. Sharks[*6] approached her, only[*7] to be driven[*8] away by rifle[*9] shots. Against the cold sea, she struggled on — hour[*10] after hour — while millions watched on national television.

Near Florence in one of the boats, her mother and her teacher kept encouraging her. They told her she didn't have far to go. But all she could see was fog. They called[*11] out to her not to give up. She never had

---

*6 shark：サメ
*7 only to ...：結局…するだけ
*8 drive away ...：…を追い払う

*9 rifle：ライフル
*10 hour after hour：何時間も
*11 call out：声を掛ける、叫ぶ

1952年7月4日の朝、海は氷風呂のようでした。とても深い霧が立ち込めていて、彼女にはサポートボートがほとんど見えませんでした。サメが彼女に近づいても、結局ライフルの発砲で追い払われるのがおちでした。何百万人もの人々が全国放送のテレビで見守る中、彼女は冷たい海に逆らって、何時間も奮闘し続けました。

フローレンスの近くのボートでは、母親と指導者が彼女を励まし続けました。彼らは、先はもうそんなに遠くないと彼女に伝えました。しかし、彼女には霧しか見えませんでした。彼らは彼女に諦めるなと叫びました。彼女は諦

... until then. With only half a mile to go, she asked to be pulled out.[*12]

Several hours later, still she was recovering from the cold swim, but she told a reporter, "Look, I'm not excusing myself, but if I could have seen land, I might have made it."[*13] It was neither because she was tired nor because she was cold that she was defeated. It was the fog. She was unable to see her goal.

Two months later, she tried again. This time, the fog was as deep as the last time, but she swam with her goal clearly pictured in her mind. She knew that

---

*12 pull out ... : …を引き上げる　　　*13 make it：成功する

めたことなどありませんでした、そのときまでは……。あとたった半マイルのところで、彼女は引っぱり上げてほしいと頼みました。
　数時間後、彼女はまだ冷たい海での泳ぎから回復しきっていませんでしたが、ある記者に語りました。「ねえ、言い訳じゃないけれど、もし陸が見えていたら、成功していたかもしれない」。彼女が挫折したのは、疲れていたからでも寒かったからでもありませんでした。霧のせいでした。彼女にはゴールが見えなかったのです。
　二カ月後、彼女は再び挑戦しました。霧は前回と同じくらい濃かったのですが、今回はゴールを心の中にはっきりと描いて泳ぎました。彼女はあの霧

somewhere behind that fog was land, and this time
she made it. Florence Chadwick became the first
woman to swim the Catalina Channel.[*14] She swam
faster than the fastest man by two hours![*15] 300 words

---

*14 the Catalina Channel：カタリナ海峡　*15 by ...：…の差をつけて

の向こうのどこかに陸があることが分かっていたので、今回は成功したのです。フローレンス・チャドウィックは、カタリナ海峡を泳ぎ切った最初の女性になりました。彼女はそれまで最も速かった男性より、2時間も早く泳ぎました！

このストーリーのポイント

人生において、目標がはるか遠くに感じられることがあります。また、目標に向かう途中で失敗することもあります。そんなときでも、心の中にしっかりと目標を見据え、それに向かって努力を積み重ねることで、着実に目標に近づくことができるのです。この女性の姿勢から、私たちはこのことを学ぶことができます。

p. 144 解答例

1 自分を海から引き上げてほしいと頼んだ。
2 カタリナ海峡横断に再挑戦して成功した。
3 ゴールを心の中にはっきりと描いて泳いだ。

slow 🔊 26

Self-Confidence
自信

✳

多額の借金を抱えた経営者が公園で思い悩んでいると、
ある老人が話を聞いてくれる。
別れ際に老人は、経営者に50万ドルの小切手を渡し、
「一年後に返してくれればいい」と言って立ち去るが、
小切手に書かれていた名前は何と……。

✎ 話の流れをつかもう

1 経営者の男性が老人から受け取った小切手には、いったい誰の名前が書か
れていたか?

2 経営者は受け取った小切手をどうしたか?

3 経営者は、何かを成し遂げる力を与えてくれたのは何であると気付いたか?

A business owner borrowed much more money
than he could pay back. He didn't know what to do.

Some people were demanding the money back from
him, others were demanding payment. He sat on a
park bench, with his head in his hands and wondered
if anything could save him from losing his business.

　返済できる額よりもずっと多いお金を借りてしまった経営者がいました。
彼はどうすべきか分からずにいました。
　彼にお金を返すよう要求する者もいれば、支払いを請求する者もいました。
彼は公園のベンチに座り、両手で頭を抱えながら、何とか会社を失う危機か
ら救ってくれる何かがないだろうかと考えていました。

Suddenly an old man appeared before him. "I can see that something is troubling you," he said.

After he listened to the business owner's story, the old man said, "I believe I can help you."

He asked the man his name, wrote out a check,[*1] and pushed it into his hand. He said, "Take this money. Meet me here in exactly one year, and you can pay me back then."

Then he turned and disappeared as quickly as he had come.

The business owner saw in his hand a check for $500,000 signed by John D. Rockefeller, one of the richest men in the world! He said to himself, "My money worries[*2] have disappeared in an instant![*3]"

However, the owner decided to put the check in

---

*1 write out a check：小切手を切る   *3 in an instant：一瞬のうちに
*2 money worries：金銭上の悩み

　突然、彼の前に一人の老人が現れました。「何かお困りのようだね」と彼は言いました。
　経営者の話を聞くと、老人は言いました。「わしはあんたのお役に立てると思うがね」
　彼は男性に名前を尋ね、小切手を切ると、それを男性の手に押し付けました。彼は言いました。「このお金を受け取りたまえ。ちょうど一年後、ここへわしに会いに来て、そのときにお金を返してくれればいいから」
　そして彼は背を向け、現れたときと同じくらい素早く姿を消しました。

his safe. He thought that just knowing it was there might give him the strength to save his business.

With new determination,[*4] he began working hard again. He persuaded[*5] his business partners to let him

---

*4 determination：決意　　　　*5 persuade ... to ~：…に〜するよう説得する

　経営者は自分の手に、当時世界で最も裕福な人物の一人であったジョン・D・ロックフェラーが署名した50万ドルの小切手があるのを見ました！ 彼は独り言を言いました。「金の悩みが一瞬で消えた！」

　しかし、経営者は小切手を金庫の中にしまっておくことに決めました。それがあると思うだけで、会社を守る力が湧いてくるかもしれないと彼は思いました。

　新たな決意とともに、彼は再び必死に働き始めました。事業のパートナーたちには、お金は後日返済させてほしいと説得しました。彼はどんな仕事も

pay the money back later. He was willing to take any job. Within a few months, he paid back all the money and even started making money once again.

Exactly one year later, he returned to the park with the check. As he promised, the old man appeared. But just when he was about to hand back the check and tell his success story, a nurse came running up and caught the old man.

"I'm so glad I caught him!" she cried. "I hope he hasn't been giving you a bad time. He's always

---

進んで引き受けました。数カ月のうちに、彼は全てのお金を返済し、さらにもう一度稼ぎ始めました。

　ちょうど一年後、彼は小切手を持ってあの公園へ行きました。約束したとおり、老人は現れました。しかし、小切手を返して自分の成功談を話そうとしたまさにそのとき、看護師が駆け寄ってきて老人を捕まえました。

　「良かった、やっと捕まえたわ！」と彼女は叫びました。「あなたに嫌な思いをさせていなければいいのですが。この人はいつも療養施設から抜け出し

このストーリーのポイント

家族や愛する人からの精神的な支えがあれば、人は目標を達成するためにより一層努力することができます。しかし、そのような支えがない場合でも、私たちの助けになるものがあります。それが、自信です。この経営者は、小切手を心の支えとしてとっておき、懸命に働いた後に目標を達成しました。自信が成功をもたらしてくれたのですね。

escaping from the rest home[*6] and telling people he's John D. Rockefeller."

The surprised business owner just stood there without saying a word. All year long he'd been wheeling and dealing,[*7] buying and selling, believing he had $500,000 behind him.

Suddenly, he realized that it wasn't the money that had turned his life around. It was his new self-confidence that had given him the power to achieve anything.

378words

---

*6 rest home：療養施設

*7 wheel and deal：策略を巡らす、精力的に動く、駆け引きをする

て、自分がジョン・D・ロックフェラーだと言っているんですよ」

　驚いた経営者は言葉もなく、ただそこに立ち尽くしました。一年の間ずっと、彼は自分には50万ドルの後ろ盾があるのだと信じ込んで、精力的に動き、取引をしていたのです。

　突然彼は、自分の人生を好転させたのはお金ではなかったことに気付きました。彼に何かを成し遂げる力を与えてくれたのは、彼自身の新たな自信でした。

---

p.149 解答例

1 世界で最も裕福な人の一人だったジョン・D・ロックフェラー。

2 金庫の中にしまっておいた。

3 彼自身の新たな自信。

夢の実現

🔊 27

Momofuku Ando
安藤百福

✳

世界で毎年、1,000億食以上食べられているインスタントラーメン。
安藤百福がその発明を思い立ったのは、戦後の食糧不足の中でだった。
安くておいしいラーメンをたくさん食べさせて、世界を平和にする。
しかし、その夢の実現は一本道ではなかった……。

🖌 話の流れをつかもう

1 勤務していた金融機関破綻後に、安藤はどんなことに取り組み始めたか？

2 安藤が編み出した、麺を乾燥するための方法とは？

3 お話の最後で、安藤は私たちに何を教えてくれたと言っているか？

The suffering that Momofuku Ando saw in the days after World War II left a deep impression on him. Living in Osaka, Japan, he owned a factory and two office buildings, which were destroyed in the war. Ando walked through the city one day in 1945, thinking about what to do next. He saw a long

第2次世界大戦直後の日々に目にした人々の苦しみは、安藤百福の心に深く刻まれました。日本の大阪に住んでいた安藤は、工場と2つのオフィスビルを所有していましたが、戦争で破壊されました。（戦争の終わった）1945年のある日、安藤は大阪市内を歩きながら、これから何をすべきか考えていま

line of hungry people at a ramen noodle stand,
waiting for something to eat. Ando wished he could
give them all noodles. He wished he could feed all
of Japan, and even the world, with this delicious
Japanese comfort food.

Ando began working as a banker. Food shortages

---

*1 noodle：麺類   *2 food shortage：食糧不足、食糧難

した。そのとき、おなかをすかせた人々が、ラーメン屋の屋台で何か食べよう
と長い行列を作っているのが目に入りました。安藤はこの人たちにありった
けのラーメンを食べさせてあげたいと思いました。日本全国、いや世界にも、
この元気をもたらすおいしい日本の食べ物を与えられたらと願ったのです。
　安藤は金融機関の役員として働き始めました。日本の食糧不足は続き、安

continued in Japan, and he continued thinking about feeding everyone with ramen. In 1957, his bank failed, leaving him with a feeling of disappointment. But failure focused[*3] his mind on doing good. He returned to his dream of feeding every hungry person with delicious ramen noodles. He developed the belief that world peace will come when everyone has enough to eat.

Ando began trying to invent tasty[*4] instant ramen that could be mass-produced,[*5] that would not spoil, and that only needed hot water. It wasn't easy, and he had many failures. Drying the noodles always ruined their texture.[*6] Then one day, out of ideas,[*7] he

---

*3 focus ... on ~：…を～に集中させる
*4 tasty：おいしい
*5 mass-produced：
　　大量生産の、大量生産された

*6 texture：触感、質感
*7 out of ideas：
　　行き詰まった、途方に暮れている

　藤はラーメンをみんなに食べさせることを考え続けました。1957年、勤めていた金融機関が破綻して、安藤は失望感を味わいます。しかしその失敗が、彼の気持ちを良い行いをすることに集中させたのです。安藤は、おなかをすかせた全ての人においしいラーメンを食べさせるという夢に立ち返りました。みんなに食べ物が十分行き渡れば、世界に平和が訪れると信じるようになったのです。

　安藤は大量生産ができて、腐らなくて、熱湯だけで作ることができるおいしいインスタントラーメンの発明に着手しました。それは容易なことではなく、多くの失敗を伴いました。麺を乾燥させると、どうしても食感が損なわれます。行き詰まったある日、妻が夕食の支度に使っていた熱い油に麺を入

put some noodles into the hot oil his wife was using for dinner. He discovered that frying the noodles worked. It dried them in such a way that they would not spoil, and could be enjoyed days later by adding hot water. The texture and taste were good, too. Ando was closer to realizing his dream.

His first product, Chikin Ramen (Chicken Ramen), came to stores in 1958. Although it was expensive, people liked it. It became cheaper and more popular all over Japan. After this success, Ando took instant ramen to the world. Every time he faced a problem, he solved it with fresh ideas. In the United States, the noodles were made shorter

---

れてみました。すると麺を揚げるのがうまくいくことがわかったのです。油で揚げて乾燥した麺は腐ることもなく、日が経っても熱湯を加えると食べられます。食感や味も良好でした。安藤は夢の実現にぐっと近づきました。

安藤の最初の製品「チキンラーメン」が店頭に並んだのは、1958年のことです。当時は高価でしたが、人々は気に入りました。やがて値段も下がり、日本全国でさらに人気が出ました。この成功を受けて、安藤はインスタントラーメンを世界に送り出しました。何か問題に直面するたびに、斬新なアイデアで解決しました。米国では、フォークで食べやすいように麺を短くしま

for easier eating with a fork. And Ando developed a convenient Styrofoam cup[*8] container[*9] to keep "Cup O'Noodles" (now "Cup Noodles") warm.

Ando's company, Nissin, is now a worldwide[*10] food industry powerhouse[*11]. People eat nearly 100 billion[*12] packages of ramen a year in the world. Ando's products have even gone beyond Earth, feeding astronaut[*13] Soichi Noguchi, who gave the eulogy[*14] at Ando's funeral in 2007.

---

*8 Styrofoam：発泡スチロール
*9 container：容器、入れ物
*10 worldwide：世界的な、世界規模の
*11 powerhouse：強力なグループ

*12 billion：10億の
*13 astronaut：宇宙飛行士
*14 eulogy：弔辞、追悼

した。安藤はまた、「Cup O'Noodles」（現在の「Cup Noodles」）が冷めないよう、便利な発泡スチロール製のカップ型容器を開発しました。
　安藤の会社である日清食品は、今や世界規模の強力な食品業界の企業となりました。世界で年間1,000億個ものインスタントラーメンが食べられています。また、安藤の製品は地球を超えて、野口聡一宇宙飛行士の宇宙食にもなりました。2007年の安藤の葬儀では、野口が弔辞を述べました。

このストーリーのポイント

安藤百福は、ほとんどの人が悲劇しか見ないところに、希望を見いだしました。敗戦後の飢えた人々を目にしたときに安藤が夢見たのは、彼らに食物を与えて、日本を再建する一助になりたいということでした。仕事で挫折したときに、彼は夢を追う道を選びました。安藤はどんなに状況が悪くなろうと、常に好機があることを教えてくれたのです。

Ando's story shows us that success means more than just beating the competition. Every time he failed, Ando turned his disappointment and sadness[*15] into something positive.

Ando realized his dream of giving ramen to the world. But he also taught us that if we work hard and follow our dreams, we can turn failure into success.

443words

---

*15 sadness：悲しみ、不幸

　安藤の物語は、成功には単に競争に打ち勝つこと以上の意味があることを教えてくれます。彼は失敗するたびに、その失望や悲しみを前向きな行動に変えました。
　安藤はラーメンを世界に提供する夢を実現しました。そして私たちに、夢に向かって一生懸命努力すれば、失敗を成功に変えられることも、教えてくれたのです。

p. 154 解答例

1 大量生産可能で、腐らず、熱湯だけで作ることができるおいしいインスタントラーメンの発明。
2 麺を油で揚げること。
3 夢に向かって一生懸命努力すれば、失敗を成功に変えられること。

A Fluid Solution
修正液という解決法

✳

世界中のオフィスで使われている修正液を発明したのは、
画家志望の女性だった。
そのアイデアの出どころになったものはというと……。

🖌 話の流れをつかもう

1 ネスミスはどんな経験からタイプミスの解決法を思い付いたか？

2 1960年に会社で損失を出した後、どんな転機が訪れたか？

3 ネスミスが創設した慈善団体はどのような活動を行っているか？

The name Bette Nesmith Graham may not be familiar to you, but her invention might be in your desk drawer!

Nesmith started out in 1951 as a single mother in Dallas, Texas, making a living as a secretary.[*1]

---

*1 make a living：生計を立てる

　ベット・ネスミス・グラハムの名前になじみがないかもしれませんが、彼女の発明品はあなたの机の引き出しにあるかもしれません！
　1951年、ネスミスはテキサス州ダラスで、シングルマザーとして、秘書の仕事で生計を立て始めました。

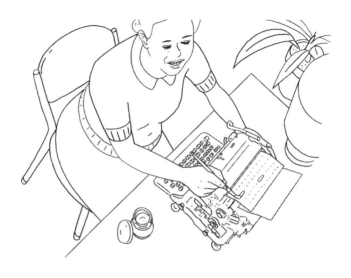

Nesmith had originally wanted to be an artist. But as a divorced[*2] young mother without a high-school diploma[*3], she took the best job she could find, as a secretary at the Texas Bank & Trust. She certainly had no idea then that her background in art would

---

*2 divorced：離婚した   *3 diploma：卒業証書

ネスミスはもともと画家を目指していました。しかし、高校も卒業していない離婚した若い母親であった彼女は、見つけられる限りで最善の仕事として、テキサス信託銀行で秘書の仕事に就きました。彼女はそのときはもちろん、その芸術の素養がやがて自分を億万長者にしてくれるとは知る由もあり

eventually help make her a multimillionaire.

The electric typewriter was in popular use in offices at the time. These machines allowed secretaries to type faster, but the new ink also made it harder to erase any mistakes.

Nesmith was good at her job, and yet, like all the other secretaries at the bank, she did sometimes make typing errors. Nesmith's experience with art helped her think of a solution. She realized that in painting, an artist never corrects by erasing but always paints over the error. "So I decided to use what artists use." She took some white, water-based

---

*4 eventually：結局のところ、最後には   *6 erase：…を消す、…を削除する
*5 multimillionaire：億万長者   *7 water-based：水性の

ませんでした。
　当時のオフィスでは、電動タイプライターが広く使われていました。こうした機械のおかげで秘書のタイプの速度は上がりましたが、新しいインクのせいで間違いを消すのが難しくもなっていました。
　ネスミスは仕事をうまくやっていましたが、それでも、銀行の他の全ての秘書たちと同じように、時々タイプミスをしました。ネスミスのアートでの経験が、彼女に解決法を思い付かせました。絵を描くとき、画家は削り落として直したりはせず、必ずミスの上に重ね塗りをすることに、彼女は思い至りました。「ですから、画家のやり方を採用することにしたんです」。彼女は

[*8] tempera paint and a small [*9] watercolor brush to the office and used them to correct her mistakes.

Soon all the other secretaries in the office wanted some. In 1956, she started the Mistake Out Company and worked on nights and weekends to fill orders. She named the product [*10] Liquid Paper, the [*11] white-out [*12] correction fluid.

Success did not come easily. She kept improving the [*13] formula and taking in small orders from around the country. Her first big order — for 300 bottles in three colors — was from General Electric. That helped Nesmith decide to work as a secretary only

---

*8 tempera paint：テンペラ絵の具
  （顔料の固着剤に乳化物を使った、
  不透明な絵の具）
*9 watercolor：水彩画

*10 Liquid Paper：リキッド・ペーパー
   （修正液の商品名）
*11 white-out：白く消すための、修正の
*12 correction fluid：修正液
*13 formula：処方、調合法

白い水性のテンペラ絵の具と水彩画の小筆をオフィスに持ち込んで、自分の
ミスを直すのに使いました。
　すぐに、社内の他の秘書たち全員が欲しがりました。1956年に彼女はミス
テイク・アウト社を発足させ、夜と週末に働いて注文に応えました。彼女は
その製品をリキッド・ペーパー、すなわち白塗りする修正液と名付けました。
　成功は簡単には訪れませんでした。彼女は調合を改良し続け、全国から小
口の注文を受け続けました。初めての大口注文は3種類の色を300本でしたが、
それはゼネラル・エレクトリック社からでした。その注文は、ネスミスが秘
書の仕事をパートタイムだけにして、自分の事業にもっと時間を使おうと決

part-time and to spend more time on her business. In 1960, Nesmith's company was losing money, but she kept at it. She married Robert M. Graham in 1962, and they soon went on the road marketing her invention. That was the turning point.[*14]

In 1968, Nesmith Graham moved the company into its own plant and headquarters[*15] and changed its name to Liquid Paper. That year, they sold a million bottles. In 1976, the company produced 25 million bottles and had earnings[*16] of $1.5 million. In 1979,

---

*14 turning point：転機、転換点   *16 earnings：利益、利潤
*15 headquarters：本社

める後押しになりました。1960年にネスミスの会社では損失が出ていましたが、彼女は踏ん張りました。1962年に彼女はロバート・M・グラハムと結婚しました。そして、2人はすぐに彼女の発明品を売り込む旅に出ました。それが転機となりました。

1968年にネスミス・グラハムは自社工場と本社を設け、社名をリキッド・ペーパーに変更しました。その年、同社は100万本を売り上げました。1976年に同社は2,500万本を生産し、150万ドルの利益を上げました。1979年、

このストーリーのポイント

ビジョンと強い意思がなければ、成功への険しい道を進み続けられないことがあります。ベット・ネスミス・グラハムは、リスクを恐れませんでした。彼女は目標へ向かって進み、最終的にはその熱意が報われました。そうなって後も、膨大な財産を費やして、かつての自分のように芸術家を夢見る女性たちを支援しました。

Nesmith Graham sold the company to Gillette for
$47.5 million. She died just six months after selling
the company, in 1980, at age 56.

She left half of her fortune to her son, Michael,
and used the rest to establish two charitable
foundations. Her Gihon Foundation, which still
exists today, helps artists and promotes culture by
arranging and subsidizing live performances by
emerging and established women artists that are
presented to the public for free.

444words

---

*17 promote：…を推進する、…を促進する　*19 emerging：新進の
*18 subsidize：…に助成金を出す、　　　*20 established：名声が確立した
　　…を支援する

ネスミス・グラハムは、自社を4,750万ドルでジレット社に売却しました。
そして、1980年、会社の売却からわずか6カ月後に、彼女は56歳で亡くなり
ました。
　彼女は財産の半分を息子のマイケルに残し、残りは2つの慈善財団の創設
に使いました。今も存続するギホン財団は、新進あるいは有名な女性アー
ティストによる、無料公開ライブの企画と助成を行うことで、アーティスト
を支援し、文化を促進しています。

---

p. 160 解答例

1 アートでの経験で、絵を描く際に画家はミスした箇所を消すのではなく、その上に重ね塗りをし
ていたこと。

2 1962年に結婚し、夫と共に彼女の発明品を売り込む旅に出た。

3 アーティストの支援と文化の促進。

🔊 29

Mr. Tofu
ミスター豆腐

✳

かつてアメリカ人が最も嫌いな食べ物に選ばれたこともある豆腐。
それが健康食品として広く受け入れられるようになるまでには、
「ミスター豆腐」と呼ばれるある日本人の悪戦苦闘があった……。

🖊 話の流れをつかもう

1 雲田氏が諦めかけていたときに見掛けた女性は、豆腐をどのように利用して
　いると答えたか?

2 ヒラリー・クリントンが豆腐を話題にするのを聞いた雲田氏はどんな行動を
　取ったか?

3 アメリカで豆腐を売るために雲田氏が取った、大きな個人的リスクとは何か?

If anyone should be called "Mr. Tofu" in the
United States, it's Yasuo Kumoda, the man who
made tofu popular there. Although he succeeded in

アメリカで「ミスター豆腐」と呼ばれるべき人がいるとしたら、それは、か
の地で豆腐人気を高めた雲田康夫さんです。最終的に成功したものの、雲田

the end, Kumoda's career was filled with bad luck that would have crushed the spirits of most people. [1] Time and again, his great ideas came close to success [2] only to be ruined by unexpected events.

At age 40, in the early 1980s, Kumoda was sent to the United States to try to sell [3] Morinaga tofu there.

---

*1 time and again:
何度も繰り返し、幾度となく
*2 only to ...：結局…することとなる

*3 Morinaga：森永（乳業）
（同社が開発した無菌包装パックの
豆腐が長期保存に適していたので、
アメリカへの輸出に乗り出した）

さんの道のりは、たいていの人なら精神がくじかれるような不運だらけでした。彼の名案は成功に近づいては、予想外の出来事によって、幾度となく台無しになってしまいました。
　1980年代初め、40歳だった雲田さんは、森永（乳業）の豆腐を販売するた

Surely Japanese expats[*4] and health-conscious[*5] Americans would eat tofu. Some Americans did like it, but not many. Some didn't like the feel and taste of it. The word "tofu" reminded others of the toes on their feet. Many also thought soy[*6] was only for pet food. In 1988, a newspaper survey[*7] found that tofu was the one food Americans disliked most.

Year after year, Mr. Tofu kept trying. He visited Rocky Aoki, the owner of the Benihana restaurant chain. But Aoki refused to let Kumoda use the Benihana name as a tofu brand, or to offer tofu in his restaurants. Kumoda's next idea was to put

---

*4 expat：海外駐在員（＝expatriate）
*5 health-conscious：健康を意識した、
　健康志向の

*6 soy：大豆
*7 survey：調査

めアメリカに派遣されました。もちろん、日本からの駐在員や健康志向のアメリカ人なら豆腐を食べたでしょう。アメリカ人にも好む人はいましたが、多くはありませんでした。その食感と味を好まない人がいたのです。"tofu"という言葉から足のつま先（toe）を連想する人もいました。また、大豆はペット用の食品でしかないと思っていた人も大勢いました。1988年のある新聞調査では、豆腐はアメリカ人が最も嫌いな食べ物だということが明らかになりました。

　何年も、ミスター豆腐は努力し続けました。彼は、レストランチェーン、ベニハナの経営者であるロッキー青木氏を訪ねました。しかし、青木氏は、雲田さんに豆腐のブランドに「ベニハナ」の名前を使うことも、自分のレストランで豆腐を出すことも断りました。雲田さんの次のアイデアは、自分の車

"TOFU NO1" on his car license plate.[*8] But a consultant[*9] told him that Americans might take it to mean "TOFU NO!" Instead, he used "TOFU-A." Still, other drivers on the road sometimes gave him the "thumbs down"[*10] sign.

He ran in the L.A. Marathon[*11] dressed as a block of tofu. He got some attention on TV when he tripped and fell. But bad luck and barriers[*12] to success kept his tofu sales from taking off.

Then one day, when he was close to giving up, he saw a woman buying tofu. Kumoda spoke to her and found that she mixed it with fruit to make a healthy

---

*8 license plate：（アメリカの車の）
　　ナンバープレート（数字だけでなく
　　アルファベットも使われる）
*9 consultant：コンサルタント、相談役

*10 thumbs down：親指を下に突き出した
　　（不賛成や拒絶を表すしぐさ）
*11 marathon：マラソン
*12 barrier：壁、障害

のナンバープレートに "TOFU NO1" と付けることでした。しかし、コンサルタントから、アメリカ人はそれを "TOFU NO!" という意味に取るかもしれないと言われました。代わりに彼は "TOFU-A" を使いました。それでも、路上の他のドライバーたちから、親指を下に向けるしぐさで拒否されることがありました。

　彼は、四角い豆腐のコスチュームでロサンゼルスマラソンを走りました。つまずいて転んだときにはテレビで少し注目されました。けれど、不運と、成功を阻む壁のせいで、豆腐の売上は伸び悩みました。

　そんなある日、諦めかけていた彼は、1人の女性が豆腐を買うのを見掛けました。雲田さんは女性に話し掛けて、彼女が豆腐と果物を混ぜて健康に良

shake. He began developing new tofu products based on this fresh new idea. Later, he heard first lady Hillary Clinton talk about tofu as a healthy food for President Bill Clinton. Kumoda sent some of his new product to the White House and received a kind reply.

This renewed[*13] Kumoda's enthusiasm[*14]. But just then, Morinaga's patience ran out[*15]. The company told him he could build a factory for his new products, but he would have to pay for it himself. This was a big

---

*13 renew：…を新しくする、…を取り戻す   *15 run out：底を突く、尽きる
*14 enthusiasm：熱意、意気込み

いシェイクを作るのだと知りました。彼はこの斬新なアイデアに基づいた、新しい豆腐製品の開発を始めました。その後彼は、ファーストレディーのヒラリー・クリントンが、ビル・クリントン大統領のための健康食品として豆腐を話題にするのを耳にしました。雲田さんは新製品を幾つかホワイトハウスに送り、親切な返事をもらいました。

　このことが雲田さんの熱意に再び火をつけました。ところが、ちょうどそのとき、森永の忍耐も限界に達しました。会社は、新製品の工場を建てるのは構わないが、資金は彼自身が出すことになると彼に申し渡しました。これ

このストーリーのポイント

これは、信じるということについての話です。雲田康夫さんは、豆腐がアメリカで売れる商品になれると心から信じていました。何年たっても、事実は彼が間違っていることを証明しているかのようでした。それでも心の中では、成功は可能だと知っていたのです。たいていの人は諦めてしまうところを、雲田は自ら最大のリスクを取り、そこからさらに10年も苦闘しました。成功は、ミスター豆腐への素晴らしいご褒美でした。

personal risk, and many people would have given up. But not Mr. Tofu. He borrowed money to build a factory in Oregon. After 10 more years of struggle, this bold move finally paid off — Mr. Tofu's reward for never giving up. Today, Morinaga tofu is selling well in the United States.

There's a common Japanese saying: "Peach and chestnut trees take three years to bear fruit, persimmons take eight," to which Kumoda adds, "And tofu takes 10!"

456words

---

*16 common saying：
　　よく知られたことわざ

*17 chestnut：栗

*18 persimmon：柿

は個人としては大きなリスクでしたから、たいていの人なら諦めていたでしょう。しかしミスター豆腐は違いました。彼はオレゴン州に工場を建てるために借金をしました。さらに10年の苦労の末、ようやくこの思い切った行動が利益につながりました――決して諦めなかったミスター豆腐が報われたのです。現在、森永の豆腐はアメリカで順調に売れています。
　日本には「桃栗三年、柿八年」というよく知られたことわざがありますが、これに雲田さんはこう付け加えます、「そして豆腐は10年！」と。

---

p. 166 解答例

1 豆腐と果物を混ぜて健康に良いシェイクを作っていた。
2 新製品を幾つかホワイトハウスに送った。
3 オレゴン州に新製品の工場を建てるために借金をした。

◀)) 30

Determination and Persistence

不屈の精神

✳

1883年の完成以降、マンハッタン島とブルックリン地区を結ぶ橋として、
重要な役割を果たしているブルックリン橋。
観光名所としても有名なこの橋、実はその完成の裏に、
ある家族の壮絶なドラマがあった。

話の流れをつかもう

1 イーストリバーに巨大な橋を建設するというジョン・ローブリングの構想に対して、専門家たちは何と言ったか?

2 ローブリング親子にどんな不運な出来事が起こったか?

3 現在ブルックリン橋は何の象徴となっているか?

In the 1860s, a creative engineer[*1] named John Roebling had the surprising idea of building an enormous[*2] bridge across the East River connecting New York with Brooklyn. Nothing like it had ever been tried before, and many bridge-building experts

---

*1 creative engineer：創造工学の技術者　　*2 enormous：巨大な

1860年代のこと、ジョン・ローブリングという創造工学の技術者が、ニューヨークとブルックリンを結ぶ巨大な橋をイーストリバーに架けるという驚くべき考えを持っていました。そのような試みはこれまで一度もなされたことがなく、架橋工事の専門家の多くはそれを不可能な事業だと主張しま

claimed that it was an impossible task. They told
Roebling to forget the idea. The engineering was
too difficult, and the river was much too wide.

Roebling did not listen. He thought about the
bridge all the time. He could see in his head how it

---

*3 claim：…と主張する   *4 engineering：土木工事、工学

した。彼らはロープリングにそんな考えは忘れるように言いました。必要な
土木工事は非常に難度が高く、また橋を架けるにはあまりにも川幅が広すぎ
たからです。
　　しかしロープリングは聞き入れませんでした。彼はその橋のことを四六時
中考えました。彼はそれをどうやって建てるべきか頭の中に描けていました

had to be built, and he wanted to try. But first he needed help. Roebling began talking about the project with his son Washington. Washington was an up-and-coming engineer as well, and after some discussion he decided to join his father.

Working together, the father and son developed several new ways that such a long bridge could be made strong enough to carry so much weight. Full of excitement for the challenge ahead of them, the two Roeblings hired a crew. Then they began to measure the land and choose the exact place where the bridge would stand.

Unfortunately, early in the project, John Roebling

---

*5 up-and-coming：
　　将来有望な、新進気鋭の
*6 full of excitement for ...：
　　…への興奮に満ちて

*7 crew：一団の作業員
*8 measure：…を計測する
*9 exact：正確な、的確な

　　し、挑戦したいと思いました。しかしまずは援助が必要でした。ローブリングはそのプロジェクトについてまず息子のワシントンに話し始めました。ワシントンも新進気鋭の技術者で、いくらか議論を重ねたあと、父を手伝うことに決めました。
　　父と息子は一緒に作業し、そのような長い橋がそれだけの重みに耐える強度を持つための新しい方法をいくつか開発しました。自分たちの前に立ちはだかっている挑戦にわくわくしながら、ローブリング親子は作業員チームを雇いました。そして、土地の計測や、橋を架けるのに最適な場所選びを開始しました。
　　不運にも、プロジェクトの初期段階で、ジョン・ローブリングは事故で怪

was injured in an accident. At first, his injury seemed minor[*10], but soon, it caused an infection[*11] which became worse and worse. The infection took John Roebling's life, but before he died, he put[*12] Washington in charge of the Brooklyn Bridge project.

Sadly, Washington's luck was not much better. Only three years after his father's death, Washington also became ill and, as a result, was forced to stay in bed. Unable to leave the house, Washington was only able to watch the bridge being built through a telescope[*13] at his window. And the project wasn't[*14] even close to being finished.

---

*10 minor：小さな、ささいな
*11 infection：感染症
*12 put ... in charge of ~：…に〜を任せる
*13 telescope：望遠鏡
*14 not even close to ...：…とは程遠い

我をしました。最初、その傷はささいなものに見えましたが、間もなく感染症を引き起こし、どんどんひどくなりました。その感染症によってジョン・ロープリングは命を落としましたが、彼は亡くなる前、ブルックリン橋のプロジェクトをワシントンに任せました。

　残念ながら、ワシントンもそれほど運が良いとは言えませんでした。父の死からたった3年後、ワシントンも病気になり、結果として、寝たきりを余儀なくされました。外出することもできず、ワシントンは窓から望遠鏡で橋の建設を見ることしかできませんでした。そしてそのプロジェクトは完成からは程遠い状況だったのです。

Washington's wife, Emily Roebling, became both his nurse and his assistant. Emily fought[15] for her husband's right[16] to continue as chief engineer for the bridge project. She helped to convince[17] everyone that Washington was still able to do the engineering work that the bridge needed. With Washington's help, Emily studied engineering and mathematics until she too had become an expert. She traveled back and forth from the bridge, giving Washington's instructions to the workers, and returning to Washington with information about the bridge's progress.

---

*15 fought：fight（戦う）の過去形　　　*17 convince：…を説得する
*16 right：権利

　　ワシントンの妻エミリー・ローブリングは彼の看護をしながらアシスタントも務めるようになりました。エミリーは夫が引き続き架橋プロジェクトのチーフエンジニアでいられる権利のために戦いました。彼女はワシントンが架橋工事に必要な土木工事の仕事を継続できるよう、みんなを説得する手助けをしました。ワシントンの協力で、エミリーは工学と数学を学び、彼女もまた専門家にまでなりました。彼女は何度も橋と家を行ったり来たりしてワシントンの指示を作業員に伝え、また帰って架橋工事の進ちょくをワシントンに報告しました。

For the next 11 years, Washington and Emily worked together to finish the Brooklyn Bridge. Emily spoke to workers, politicians and engineers, and earned[*18] the respect of many people. When the bridge was finally opened in 1883, Washington wasn't able to go to the opening ceremony. However, he watched with pride as his wife became the very first person to cross the bridge.

Today the beautiful Brooklyn Bridge stands[*19] as a symbol of patience and perseverance[*20]. It started only as John Roebling's dream. Yet, despite the accidents and setbacks[*21], the bridge was finally built through

---

*18 earn the respect of ...：
 …の尊敬を得る
*19 stand as ...：…として存在する

*20 perseverance：忍耐、不屈
*21 setback：つまずき、後退

　その後11年間、ワシントンとエミリーはブルックリン橋の完成のために共に働きました。エミリーは作業員や政治家、技術者と話し、多くの人の尊敬を集めました。1883年に橋がついに開通したとき、ワシントンは開通式典に出ることができませんでした。しかし、妻が最初にその橋を渡るのを誇らしく見ていました。
　現在、その美しいブルックリン橋は忍耐と粘り強さの象徴になっています。始まりはジョン・ローブリングの単なる夢でしたが、事故や挫折にもかかわ

hard work, the understanding and drive[22] of a family,
and the love that held them together even in
difficult times.

Perhaps this is one of the best examples of a
never-say-die[23] attitude, an attitude that allowed
Washington and Emily Roebling to succeed despite
a series of terrible events. Together they built what[24]
was then the world's longest suspension bridge.[25]

---

*22 drive：推進力、やる気

*23 never-say-die：
　　決してあきらめない、不屈の

*24 what was then：当時

*25 suspension bridge：つり橋

らず、その橋は努力、家族の理解と推進力、そして困難なときでも彼らを一
つにしてきた愛によって完成しました。
　おそらくこの話は、決してあきらめない姿勢を表した最高のお手本の一つ
であり、ワシントンとエミリー・ロープリング夫妻はこの姿勢により、いく
つもの最悪な出来事を乗り越え成功することができました。彼らは協力し、
当時世界で一番長いつり橋を建てたのです。

このストーリーのポイント

言うまでもなく、この話は他人の否定的な意見があっても、努力と
決意があればいかに成功できるかということを伝えています。しか
しこの話から学べることはほかにもあります。私たちは何かが不可
能だと簡単に言うべきではないということです。これまで誰もやら
なかったというだけでは、今後もできないという理由にはなりませ
ん。意欲的な周りの人のやる気をくじくのではなく、勇気づけるよ
うにしましょう。

Often, when we face problems in our everyday life, they are much smaller than the problems that other people have to face. The Brooklyn Bridge is one example of a project that seemed impossible at first, but was finished because of the persistence[*26] and determination of people who worked hard and supported one another, no matter what the odds[*27] were.

588words

---

*26 persistence：粘り強さ　　　　　*27 odds：可能性、見込み、勝算

　　私たちが日常生活で直面する問題は、他人が抱えている問題よりもずっとささいなものであることもしばしばです。ブルックリン橋は最初不可能と思われたにもかかわらず、成功の可能性はどうあれ、努力しお互いを支え合った人たちの粘りと決意によって完成したプロジェクトのお手本なのです。

p. 172 解答例

1 橋を架けるのは不可能で、そんな考えは忘れるように言った。
2 父のジョンはプロジェクトの初期段階で負った怪我が原因で亡くなり、息子のワシントンは父親が死んで3年後に病気で寝たきりとなった。
3 忍耐と粘り強さ。

Chapter

4

怖い話

✦

ここで少し気分を変えて、
背筋がひんやりする、ちょっと怖いお話
3篇をお楽しみください。

The Red Ribbon
赤いリボン

✳

ジェームズは幼なじみのキャサリンと結婚し、幸せに暮らしている。
キャサリンは、子どものころから常に赤いリボンを首に巻いている。
ジェームズは20回目の結婚記念日に、ある計画を実行する。
キャサリンの赤いリボンの秘密とは……。

🖋 話の流れをつかもう

1 出産の日、キャサリンは医者にどんなことを伝えるように言ったか？

2 ジェームズが贈ったダイヤのネックレスをキャサリンはどうしたか？

3 お話の最後で、ジェームズとキャサリンに何が起こったか？

James touched the small velvet*1 box in his pocket.
"Yes, the ring's still there," he thought. He was
excited. He hoped Catherine would say yes.

He had known her ever since they were small
children. She was beautiful and kind.

---

*1 velvet：ビロード、ベルベット

ジェームズは、ポケットの中の小さなビロードの箱に触れました。「よし、指輪はちゃんとある」と思いました。彼はドキドキしていました。キャサリンがイエスと言ってくれることを願っていたのです。
ジェームズは、二人が幼い子どもだったころからずっとキャサリンを知っていました。彼女は美しく優しい人でした。

They sat down together on a park bench and then James got down on one knee and asked her to marry him. "Yes," she said.

His eyes fell onto the red velvet ribbon she'd worn around her neck all these years. He had never seen

---

*2 get down on one knee：片膝でひざまずく

二人は公園のベンチに並んで座りました。それから、ジェームズは片膝でひざまずき、キャサリンに結婚を申し込みました。彼女は「はい」と答えました。

彼は、彼女が長年ずっと首に巻いている、赤いビロードのリボンへ目を向けました。彼は、それを身に着けていない彼女を、子どものときでさえ見た

her without it, even when they were kids.

"Could you tell me why you wear that red ribbon?" he asked.

"I must never take off my red ribbon," was all she said.

James gazed[*3] at her, filled with love, and dropped the subject.

They were married that spring. They bought a cozy[*4] little house and moved in. James bought her one beautiful dress after another, and she loved them, but she still wore the red velvet ribbon with each one.

A few years later, they learned that they would be

---

*3 gaze at ... : …をじっと見つめる   *4 cozy：居心地の良い

ことがありませんでした。
　「どうして君がその赤いリボンを巻いているのか、教えてくれないか？」と彼は尋ねました。
　「私は決してこのリボンを外してはいけないの」と彼女は答えるだけでした。
　ジェームズは彼女をじっと見つめました。愛に満たされ、その話をするのをやめました。
　二人はその春に結婚しました。そして、居心地の良いこぢんまりした家を買い、引っ越しました。ジェームズは彼女に次から次へと美しいドレスを買いました。彼女はどれも気に入りましたが、どのドレスを着ても赤いビロードのリボンを巻いたままでした。
　数年がたち、二人に赤ちゃんが生まれることが分かりました。ついに医者

having a baby. When the day to call the doctor finally arrived, Catherine said, "Please tell the doctor I must not take off my red ribbon."

The baby grew healthy and strong. He would sometimes reach for the red ribbon around his mother's neck. Each time, Catherine would gently take his hand in hers and say, "Mommy must never take off this red ribbon."

They had three more children, and they spent many happy years together. Their 20th anniversary arrived, and James decided to buy Catherine a beautiful diamond necklace. "Surely this will make her take off the ribbon," he thought.

を呼ぶ日がやってくると、「私が決して赤いリボンを外してはいけないこと、お医者様に伝えてね」とキャサリンは言いました。

赤ちゃんは健康で丈夫に育ちました。時には母親の首に巻いてある赤いリボンに手を伸ばそうとしましたが、そのたびにキャサリンは優しく赤ちゃんの手を握って言いました。「ママは絶対にこの赤いリボンを外しちゃだめなのよ」

二人にはさらに三人の子どもが生まれ、何年も幸せな時を共に過ごしました。二人の20回目の記念日を迎え、ジェームズはキャサリンに美しいダイヤのネックレスを買ってあげることにしました。「きっとこれで彼女はリボンを外すだろう」と彼は思いました。

But she simply placed the necklace directly over the ribbon and smiled at him. He began to get angry. "After all this time, doesn't she trust me?" he thought. That night he waited until she fell asleep.

Catherine lay there on her back, with her head resting on a large pillow. The necklace was back in its box, but the ribbon was still around her neck. James sat up, leaned over, and carefully untied[5] the

---

*5 untie : …をほどく

しかし、キャサリンはリボンの上にじかにネックレスを着けただけで、ジェームズに微笑みかけるのでした。彼は怒りが込み上げてきました。「これだけ一緒にいるのに、彼女は私を信用していないのだろうか?」と彼は思いました。その晩、彼は彼女が寝入るのを待ちました。

キャサリンは、大きな枕に頭を乗せて仰向けに寝ていました。ネックレスは箱に戻されていましたが、リボンは彼女の首に巻かれたままでした。ジェームズは体を起こして身を乗り出し、慎重にリボンをほどきました。「さ

このお話は「黄色いリボン」や「ビロードのリボン」としても知られています。有名な児童向け短編集に収録されていたことから、アメリカでは子どものころに読んで、覚えている人も多いようです。フランス革命の際に、ギロチンによる斬首刑を受けた人たちに敬意を表して、女性たちが首に赤いリボンを巻いたことが物語の由来ではないかという説があります。

ribbon. "There," he thought. "Now she's really mine."

She opened her eyes and looked up at him. A tear fell from her eye. She shifted slightly, and James watched in horror as her head fell off and rolled onto the floor.

"I warned you," the head said.

398words

あ、これで彼女は本当に私のものだ」と彼は思いました。
　キャサリンは目を開けてジェームズを見ました。彼女の目から涙がこぼれました。彼女がわずかに体を動かすと、頭が落ちて床に転がりました。ジェームズは恐れおののきながら見つめました。
　頭が言いました。「だから言ったのに」

---

p. 182 解答例

I 自分の赤いリボンを決して外してはいけないこと。
2 赤いリボンの上に直接着けた。
3 ジェームズが赤いリボンをほどくと、キャサリンの頭が落ちて床に転がった。

🔊 32

Alligators in New York City

ニューヨークのワニ一家

✳

旅先で、かわいい赤ちゃんワニを買ったジミー。
彼の愛情を受け、ワニはすくすく育つが、これ以上家で
飼い続けられないと判断した父親は、何とワニをトイレに流してしまう。
数年後、ジミーの耳に驚きのニュースが飛び込んでくる……。

✎ 話の流れをつかもう

I ニュースによると、市の職員は下水道で何を目撃したのか?

2 警察は特にどんなときどんな場所で注意するよう呼び掛けたか?

3 ニュースを見て以来、ジミーはトイレで何を行うようになったか?

Jimmy went with his parents on a trip to Florida during his spring vacation. Just before starting the drive back up to New York City, they stopped at a roadside stand that sold local souvenirs. Jimmy's eyes were immediately drawn to the rows of tiny baby alligators in covered glass tanks. He said, "They're

---

*1 roadside stand：道端の屋台　　*3 row of ...：…の列
*2 souvenir：土産　　*4 alligator：アリゲーター
　　　　　　　　　　　　　　　　　（アメリカ・中国産のワニ）

ジミーは、春休みに両親とフロリダへ旅行に行きました。ニューヨークへと車で帰路に就く直前に、家族は地元の土産物を売る道端の屋台に立ち寄りました。真っ先にジミーの視線を捉えたのは、ふたの付いたガラスの水槽に入った、小さな赤ちゃんワニたちの行列でした。ジミーは「かわいいなあ。1

so cute. Can I get one, Mom? Can I?"

His mother said, "Well, you'll have to ask your father."

Jimmy's dad said, "It would make a nice souvenir, wouldn't it? All right, why not? Just be sure to keep his tank closed in the car. You don't want him to get

---

匹買ってもいい？　ママ。いいでしょ？」と言いました。
　「そうねえ、お父さんに聞かないと」と母親は言いました。
　ジミーの父親は「いい土産になるかもしれないね。よし、いいだろう。車の
中では必ず水槽を閉めておくんだよ。ワニがどこかへ行ってしまったら嫌だ

lost."

When he got home, all of Jimmy's friends came over to see his new pet, which fit easily into the palm of his hand. Jimmy decided to call him Snappy. Every day, he fed his new friend some live crickets, and soon Snappy grew to be almost as long as Jimmy's forearm.

One evening after dinner, Jimmy's father came into his son's bedroom and said, "Son, I think your alligator is getting a little too big for our apartment." He lifted Snappy from his tank and carried him into the bathroom. He opened the toilet lid and held

---

*5 cricket：コオロギ   *6 forearm：前腕（肘から手首まで）

ろう」と言いました。
　ジミーが家に戻ると、ジミーの友達みんなが新しいペットを見に来ました。ワニはジミーの手のひらにすんなり収まってしまうような大きさでした。ジミーは、ワニをスナッピーと呼ぶことにしました。ジミーが毎日、この新しい友達に生きたコオロギを与えると、スナッピーは程なくジミーの肘から手首ぐらいの長さに成長しました。
　ある晩、夕食後に父親がジミーの寝室に来て言いました。「ジミー、お前のワニなんだが、うちのアパートで飼うにはちょっと大きくなり過ぎていると思うんだ」。父親はスナッピーを水槽から取り出し、浴室に運びました。父親はトイレのふたを開けると、スナッピーを便器の上へ持ち上げました。ジ

Snappy over the bowl.[*7] Jimmy started crying. His dad dropped Snappy in, closed the lid and flushed.[*8] "I'm sorry, son," he said.

A few years later, Jimmy and his parents were sitting in the living room, watching the news after dinner. The newscaster said, "And now for a piece of scary[*9] local news. A city worker today reported seeing something unusual in the sewers[*10] below our city. A family of alligators, including a father, mother, and two small babies. The worker said that the father alligator was about 4 or 5 feet[*11] long."

Jimmy looked at his father and mother, and they

---

*7 bowl：深鉢、どんぶり、
　　丸くくぼんだ部分
　　（ここでは toilet bowl［便器］のこと）
*8 flush：水を流す

*9 scary：怖い
*10 sewer：下水道
*11 feet：フィート
　　（長さの単位。単数形は foot。
　　1 フィート = 0.3048 メートル）

ミーは泣き出しました。父親はスナッピーを便器の中へ落とし、ふたを閉め
て水を流してしまいました。「すまない、ジミー」と父親は言いました。
　　数年後、ジミーと両親は夕食を終えて居間に座り、ニュースを見ていまし
た。ニュースキャスターが言いました。「さて、続いてはこの地域の恐ろしい
ニュースです。本日、市の職員から、この街の下を流れる下水道で珍しいも
のを目撃したとの通報がありました。それはワニの一家で、父ワニ、母ワニ
と 2 匹の小さな赤ちゃんワニがいたということです。その職員によると、父
ワニは体長が 4、5 フィートほどあったそうです」
　　ジミーは父親と母親を見つめました。二人もまたジミーを見つめ返しまし

looked back at him. "Could it be? Snappy, alive and well in the sewers?" he wondered.

The newscaster went on to say, "The police believe that the alligators have been living in the sewers for several years, and that they may have originally been pets. Although no one is quite sure how they got into the sewers. The police warn that people should be careful around sewer drains[*12], especially after

---

*12 drain：排水溝

た。「ひょっとして？ スナッピー、下水道の中で元気に生きてるの？」とジミーは思いました。
　ニュースキャスターは続けて言いました。「警察は、ワニはこの何年かは下水道の中で生きていて、もともとはペットだったかもしれないものとみています。ただ、どのようにしてワニが下水道に入ったのかについては、よく分かっていません。警察は、特に大雨の後、下水の排水溝の周辺では注意する

このストーリーの背景

ニューヨーカーのみならず、おそらくアメリカ人なら誰でも知っている都市伝説です。二人の若者がマンホールからワニを引っ張り出して生け捕ったという、1935 年の出来事に触発されたようです。すぐに本格的な都市伝説となり、たくさんの小説や映画が生まれました。科学者によれば、下水道でワニが生息するのは不可能とのことです。しかし、ニューヨークでは路上でワニが見つかることが時折あり、その謎はいまだ解明されていません。

heavy rain."

From that time on,[13] Jimmy was careful to look into the toilet before ever sitting down, in case[14] Snappy's travels through the sewers should include a visit back to his old home. "I'm sure he remembers where we live," he thought. He almost expected to see, hidden there, a pair of pale green eyes and, of course, two rows of huge teeth.

440 words

---

*13 from that time on：その時から　　*14 in case ...：万が一…の場合に備えて

よう呼び掛けています」
　そのときからというもの、ジミーは腰を下ろす前に、常にトイレの中を注意深くのぞき込むようになりました。これは、万が一スナッピーが下水道の旅の途中で、懐かしい家にひょっこり戻ってきてしまった場合に備えてのことでした。「スナッピーは、僕たちがどこに住んでいるかきっと覚えているはずだ」とジミーは思いました。トイレの中に潜む二つの淡い緑色の目と、言うまでもなく、2列の巨大な歯が今にも見えそうな気がしたのでした。

p.188 解答例

1 父ワニ、母ワニ、2匹の赤ちゃんワニの、ワニの一家。
2 大雨の後の下水の排水溝の周辺。
3 腰を下ろす前に、常にトイレの中を注意深くのぞき込むこと。

🔊 33

Girl at the Underpass

ガード下で待つ娘

✳

ある雨の夜更け、週末を実家で過ごすために車を走らせるダニー。
ジェームズタウンのガード下に差し掛かったとき、道路脇にたたずむ
若い女性が目に入る。女性に呼び止められたダニーは、
とりあえず彼女を家まで送っていくことにするが……。

✐ **話の流れをつかもう**

1 若い女性を車に乗せてあげたダニーは、彼女に何があったと想像したか？

2 車を止めて彼女を降ろしてあげようとしたダニーは、何に気付いたか？

3 20年前、ジェームズタウンのガード下のそばで彼女に何があったのか？

It was the spring of 1965. Danny was driving
home from college for the weekend. It was late at
night, and rain had started to fall. It was not a long
drive from his college in Greensboro[*1], North
Carolina, to his parents' home in Lexington[*2], but he

---

*1 Greensboro：グリーンズボロ
（アメリカ・ノースカロライナ州
中北部の都市）

*2 Lexington：レキシントン
（アメリカ・ノースカロライナ州にある町。
グリーンズボロからほど近い）

　1965年の春のことでした。ダニーは週末を実家で過ごすため、大学から実家に向かって車を走らせていました。夜も更け、雨が降り始めていました。ノースカロライナ州グリーンズボロにある大学からレキシントンの実家までは、長時間のドライブではありませんでしたが、彼はとても疲れていました。

was very tired. He rubbed at his eyes and blinked,
struggling to see the poorly lit road clearly. He
couldn't wait to eat some of his mom's home
cooking.

Just as he approached the Jamestown underpass,

---

*3 rub at … :…をこする   *5 poorly lit：薄暗い
*4 blink：まばたきをする   *6 underpass：ガード下、地下道

目をこすってはしばたたかせ、薄暗い夜道に目を凝らしていました。ダニー
は母の手料理を食べるのが待ち遠しくてたまりませんでした。
　ちょうどジェームズタウンのガード下に差し掛かったところで、遠くの方

he saw in the distance the figure of a young woman standing by the side of the road. It seemed strange; there was no car in sight, just the young woman standing alone in the dark. She was waving at him to stop. He slowed to a stop and rolled down the window.

He could see now that she was wearing a lacy, [*7] pale-colored dress. It looked kind of old-fashioned.

"Do you need some help?" he asked. "Yes," the young woman answered. "I'm trying to get home from [*8] the dance, and I know my mom will be worried."

"Where do you live?" he asked.

---

*7 pale-colored：淡い色をした　　　*8 the dance：ダンスパーティー

に道路脇に立っている若い女性の姿が見えました。奇妙に思えました。車は1台も見当たらず、暗がりにその若い女性だけが一人で立っていたのですから。彼女は車を止めようと、ダニーに手を振っていました。彼はスピードを落として車を止め、窓を開けました。

そのときダニーは、彼女が淡い色をしたレースのドレスを着ているのに気が付きました。そのドレスは少し時代遅れに見えました。

「何かお困りですか？」と彼が尋ねると、「はい」と若い女性は答えました。「ダンスパーティーから家に帰ろうとしているんです。母が心配するだろうなと思って」

「お住まいはどちらですか？」とダニーは尋ねました。

"High Point," she said. "Do you think you could give me a ride?"

"Sure," he said. "Hop in." He didn't want to ask her any more about what had happened at the dance. Perhaps her boyfriend had left her there all alone on the road. She had apparently had a difficult night already, so he just chatted about the weather with her until they reached High Point.

"Turn here," she said, as they entered one of the older, more run-down parts of town. "My house is right over there. The one on the corner."

He pulled slowly up the unpaved driveway. The house was very dark. "Strange," he thought, "her

---

*9 Do you think you could ...?：
　…していただけますか？
*10 hop in：(車に) 乗り込む

*11 apparently：どうやら…のようだ
*12 run-down：荒廃した

　「ハイポイントです」と彼女は答えました。「乗せていただけますか？」
　「いいですよ」と彼は言いました。「乗ってください」。彼はダンスパーティーで何があったのか、それ以上尋ねようとは思いませんでした。おそらくボーイフレンドに、一人ぼっちで道路に置いてきぼりにされてしまったのでしょう。どうやら彼女は、すでにつらい夜を過ごしていたようだったので、ハイポイントに着くまでは天気について話すぐらいにしました。
　「ここで曲がってください」。車が町の一層古びて荒廃した辺りに差し掛かったとき、彼女が言いました。「私の家はすぐそこです。あの角の家です」
　ダニーは、舗装されていない私道にゆっくりと車を進めました。家は真っ暗でした。「変だな」と彼は思いました。「母親は娘の帰りを待ってなんかい

mother isn't waiting for her to come home." He stopped the car and went around to open the girl's door. When he looked in, she was gone.

"She didn't even say goodbye, or thank you," he thought, "and I didn't hear a thing. How did she get out of the car?"

He decided to go to the door and check that she was home safe. He knocked, and after a moment an old lady opened the door.

"Sorry, ma'am, I know it's late. I brought a girl to this house just now," he explained, "and I can't find

---

ないじゃないか」。彼は車を止め、ドアを開けてあげようと、彼女が乗っている側に回りました。中をのぞくと、彼女の姿はありませんでした。

「彼女はさよならも、ありがとうも言わなかったな」と彼は思いました。「それに何の音も聞こえなかった。どうやって車から降りたんだ？」

ダニーはその家の玄関まで行って、彼女が無事に帰宅したか確かめることにしました。ドアをたたくと、程なくして年配の女性がドアを開けました。

「夜分遅くにすみません、奥さん。つい今しがた、娘さんをこの家まで送ってきたんです」と彼は説明しました。「でも彼女がいないんです。彼女を見ま

このストーリーの背景

ノースカロライナ州の有名な都市伝説です。現地では、1923年に交通事故で亡くなったリディアという若い女性の霊が、地域住民たちに何度も目撃されているそうです。ボーイスカウトや学校の夏の行事では、子どもたちが夜にキャンプファイアを囲んで、怖い話をすることがよくあります。このお話は、そういったときの定番の一つとなっています。

her. Have you seen her? She was standing by the side of the road, and I'd picked her up."

"Where was this?" the woman asked.

"Right by the Jamestown underpass."

"Yes, that's my daughter. She was in a car crash right by the underpass 20 years ago. There were no survivors.[13] Ever since then, once a year on the anniversary of the crash, she finds a nice young man like yourself to pick her up. All this time has gone by, and she's still trying to get home." 483words

---

[13] survivor：生存者

したか？　道路脇に立っていたので、僕が車に乗せたんです」
「どこでですか？」と女性は尋ねました。
「ジェームズタウンのガード下のすぐそばです」
「そう、それならうちの娘ですわ。娘は20年前、そのガード下のすぐそばで車の衝突事故に遭ったのです。助かった人はいませんでした。それからというもの、年に一度事故が起きた日に、娘はあなたのような親切で若い男性を見つけて車に乗せてもらうのです。一切は過ぎていくというのに、あの子はいまだに家に帰ろうとしているのです」

---

p. 194 解答例

1 ダンスパーティーの後で、ボーイフレンドに路上に置いてきぼりにされてしまった。
2 若い女性がいなくなっていたこと。
3 車の衝突事故に遭って亡くなった。

Chapter

5

ためになる／
考えさせられる話

slow 🔊 34

A Man and a Starfish

ある男とヒトデ

✳

「私」が海岸を散歩していると、はるか向こうに男性が見える。
近づいてみると、彼はかがんでは何かを拾い、
それを海に投げることを繰り返している。
何をしているのかと尋ねると、男性は……。

✎ 話の流れをつかもう

1 男性に近づいた「私」は、彼が何をしていることが分かったか?

2 男性が海に何かを投げていた理由は何か?

3 お話の最後で、男性は何をしたと言ったか?

As I walked along an empty beach one cold, gray morning, I saw a man, far in the distance.[*1] Slowly we approached each other, and I could make out[*2] that the man kept leaning down,[*3] picking something up and throwing it out into the water. Time after time[*4] he threw things into the ocean.

---

*1 far in the distance：はるか遠くに
*2 make out ...：…が(かろうじて)分かる、…を理解する
*3 lean down：かがみ込む
*4 time after time：何度も何度も

> ある寒いどんよりとした朝、人けのない浜辺を歩いていると、はるか遠くに一人の男性が見えました。徐々に互いの距離が縮まると、どうやらその男性が繰り返しかがみ込んでは何かを拾い上げ、海の中にそれを投げ入れているように見えました。彼は何度も何度も、海の中に物を投げ入れていました。

As we got closer to each other, I could see that he was picking up starfish[*5] that had been washed up[*6] on the beach and, one at a time,[*7] was throwing them back into the water.

I felt puzzled, so I approached the man and asked him what he was doing. "I'm throwing these starfish

---

*5 starfish：ヒトデ
*6 be washed up on the beach：
　浜辺に打ち上げられる

*7 one at a time：一つずつ

　私たちの距離が近づくにつれ、彼が浜辺に打ち上げられたヒトデを拾い上げ、それを一匹ずつ海に投げ返しているのだと分かりました。
　戸惑いながら、私はその男性に近づくと何をしているのか尋ねました。「ヒトデを海に投げ返しているんです。ほら、今はちょうど干潮だから、ヒトデ

back into the ocean. You see,[*8] it is low water[*9] right now and all of these starfish have been washed up onto the shore. If I don't throw them back into the sea, they'll die up here because they cannot breathe."

"But there must be[*10] thousands of starfish on this beach," I replied. "You can't possibly get to all of them. There are just too many.[*11] And this same thing

---

*8 you see：ほら
*9 low water：干潮
*10 there must be ...：
 …がいるに違いない、いるはずである

*11 just too many：
 本当に多過ぎる、とにかく多過ぎる

たちは全て岸に打ち上げられてしまったんです。私が海に投げて戻してあげ
ないと、ヒトデは呼吸ができずにここで死んでしまいます」
　「でも、この浜辺には何千匹ものヒトデがいるはずでしょう」と私は返しま
した。「全部にはとても手が回らないですよね。とにかく数が多過ぎます。そ
れに、おそらく同じことがこの沿岸のあちこちの何百もの浜辺で起きている

このストーリーのポイント

解決不可能に見える問題に直面したとき、あなたはどうしますか？
諦めますか？ たとえ及ぼす影響が小さくとも、一つずつやってみま
しょう。やるとやらないとでは、大違いです！

is probably happening on hundreds of beaches all up[*12]
and down this coast. Can't you see that you can't[*13]
possibly make a difference?"[*14]

The man smiled, bent down and picked up[*15]
another starfish, and as he threw it back into the
sea, he replied, "I've made a difference to that one!"

230words

---

*12 up and down：あちこちで、至る所で
*13 Can't you see ...?：
　（…であると）思いませんか？
*14 make a difference：
　　変化をもたらす、効果を生む
*15 bend down：かがみ込む
　　（bent は bend の過去形）

でしょうし。とてもじゃないけれど、あなたには変化をもたらすことはできないと思いませんか？」
　男性はほほ笑み、かがみ込むともう一匹ヒトデを拾い上げ、それをまた海に投げ返しながら答えました。「私はあのヒトデに変化をもたらしましたよ！」

p. 202 解答例

1 浜辺に打ち上げられたヒトデを拾って、一匹ずつ海に投げ返していた。
2 干潮で岸に打ち上げられたヒトデたちは、海に戻さないと呼吸ができずに死んでしまう。
3 自分が海に投げ返した一匹のヒトデに変化をもたらした。

slow 🔊 35

The Most Important Part of the Body

体で一番大切なところ

✳

「体の中で一番大切なところは、さあ、どこでしょう?」。
小さいころから、母はたびたび「私」に謎掛けをした。
「私」は、いつも答えを言い当てることができないでいたが、
ついにその答えを知るときがくる……。

🖌 話の流れをつかもう

1 祖父が亡くなったときに「私」が初めて見たものは何だったか?

2 体の中で一番大切なところはどこであると母親は言ったか?

3 お話の最後で、「私」について何を願っていると母親は言ったか?

My mother used to ask me to guess which part of the body was the most important. Over the years, my answers would change.

When I was a small child, I loved listening to music, so I said, "My ears, Mommy."

---

*1 used to ...:
（以前は）よく…した（ものだった）

*2 over the years：長年にわたって、
長い年月がたつにつれて

母は私によく尋ねたものでした。体の中で一番大切なところはどこだと思う、と。年を重ねるにつれ、私の答えも変わっていきました。
　小さいころは音楽を聴くのが大好きだったので、「耳でしょ、ママ」と言ったのでした。

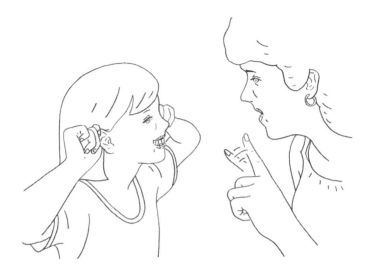

She said, "No, not ears. Some people are deaf,[*3] and they can live without hearing. Keep thinking, and I will ask you again sometime soon."

Well, two years went[*4] by before she asked me again. I had been thinking about what might be the

---

*3 deaf：耳の聞こえない   *4 go by：（時が）過ぎる

「いいえ、耳じゃないわ。耳の不自由な人もいるけど、聞こえなくても生きていくことはできるもの。これからも考え続けてごらん。そのうちまた聞くからね」と母は言いました。
　さて、それから2年が過ぎたころ、母はまた私に尋ねました。正解は何だろうと、ずっと私は考えていました。そしてこのときは、こう言いました。

right answer. This time I said, "Mommy, everybody agrees that sight is very important, so it must be our eyes."

She said, "No, not eyes. Many people are blind, and they get along fine without seeing. Keep thinking."

Over the years she asked me a couple more times. I would answer, and she would always say, "No. But you are getting smarter every year. Keep thinking."

Then, last year, my grandfather died. Everyone in my family felt sad. Everyone was crying, even my father. It was the first time I could remember seeing him cry.

---

*5 sight：視力、視覚   *8 a couple more times：もう2、3回
*6 blind：目の見えない   *9 smart：賢い、利口な
*7 get along：(何とか) やっていく   *10 see ... ~：…が〜するのを見る

「ママ、誰だって見えることはとても大事だと思ってるでしょ。だから、絶対に目よ」
　母は言いました。「いいえ、目じゃないの。目の不自由な人はたくさんいるけど、見えなくてもちゃんと暮らしているでしょう。考え続けてごらん」
　何年かのうちに、母はもう2、3回尋ねてきました。私が答えると、母はいつも、「違うわ。でも、毎年賢くなってるわね。考え続けてごらん」と言うのでした。
　そして去年、私の祖父が亡くなりました。家族みんなが悲しみに暮れ、誰もが泣いていました。父でさえも。父が泣いているのを見たのは、私が覚えている限り、それが初めてでした。

My mom looked at me when it was our turn to walk up and say our final goodbye to Grandpa. She asked, "Do you know the most important part of the body yet?" I was surprised. I had always thought this was a game between us, and this did not seem like the right time for games.[*11]

She saw the confusion[*12] on my face and said, "Today is the day you need to learn the answer." She smiled at me as only a mother can. I saw her eyes well up[*13] with tears.

She said, "The most important part of the body is your shoulder." I asked, "Because it holds up[*14] my head?"

---

*11 right time for ... : …に適したとき
*12 confusion : 困惑
*13 well up with tears：
  （目が）涙であふれる
*14 hold up ... : …を支える

　歩み出て、おじいちゃんに最後のお別れを言う番がきたとき、母が私の方を見ました。「もう分かった？　体で一番大切なところはどこなのか」と母が尋ねました。私は驚きました。これは二人の間のゲームだといつも思っていたので、今はゲームにふさわしいときではないように思えたからです。
　私の戸惑った表情を見て、母が言いました。「今日こそ、あなたが答えを知る必要があるの」。そして、私に向かって母親だけができるほほ笑みを浮かべました。母の目が涙であふれているのが見えました。
　母は言いました。「体の中で一番大切なところはね、肩よ」。私は、「頭を支えてるから？」と尋ねました。

She replied, "No, it is because it is a good place for loved ones[*15] to rest their heads when they cry. Everybody needs a shoulder[*16] to cry on sometimes. I hope that in your life you will have good friends who will offer you a shoulder to cry on when you need it."

346words

---

*15 a loved one：愛する人、家族

*16 a shoulder to cry on：
　　 悩みを聞いてくれる人
　　 （直訳は「泣くための肩」）

「いいえ、それはね、愛する人が泣くときに頭を預けるのにちょうどいい場所だからよ。誰だって、誰かの肩に頭を預けて泣きたいときがあるわ。あなたにも、これからの人生で、あなたが必要なときに、頭を預けて泣ける肩を差し出してくれる親友ができるといいわね」。母はそう、答えたのでした。

このストーリーのポイント

英語にも体の部位の単語を使った慣用句がたくさんあります。shoulderにまつわるものには、shoulder to shoulder（協力して）、cold shoulder（冷遇、無視）があります。shoulder to cry onは、泣きたいときに肩を貸してくれる人──つまり、悩みを聞いてくれる人や頼りになる人を意味します。この話は、人として何よりも大事なのは他者に対する思いやりだと教えています。

---

p. 206 解答例

1　父親が泣いている姿。

2　肩。

3　これからの人生で、必要なときに頭を預けて泣くための肩を差し出してくれる親友ができること。

How Rich Are We?

自分たちはどれくらい豊かなんだろう？

✳

ある日、お金持ちの父親が、
家族を田舎の農場での一泊二日の旅に連れて行った。
実は父親にはひそかに、世の中には貧しい人もいることを
息子に教えたいという意図があったのだ。
旅の後、父親が息子に感想を聞いてみると……。

✎ 話の流れをつかもう

1 裕福な家族は農場の一家と一緒にどんなことをしたか？

2 自分の家には庭の真ん中くらいまでのプールと輸入品のランプがあるのに
   対して、農場の一家には何があると息子は言ったか？

3 お話の最後で、息子は父親から何を教えてもらえたと言ったか？

One day, a rich father took his family on a trip into the country[*1], with the firm intention[*2] of showing his son just how poor some people were. They spent a day and a night on the farm of a very poor family. They worked hard with them, ate with them, and in

---

*1 country：田舎   *2 firm intention：固い意志

　ある日、裕福な父親が、世の中にはいかに貧しい暮らしをしている人もいるか息子に教えようという固い意志のもと、家族を田舎へ旅行に連れて行きました。彼らは大変貧しい家族の農場で一昼夜を過ごしました。農場の一家と一緒にせっせと働き、食事をし、夜には共にくつろぎ、それから日中の重

the evening relaxed with them, before falling fast[*3] asleep, exhausted[*4] from their hard day's work. The next morning they thanked the poor family and waved goodbye[*5] as they drove back to their luxurious[*6] home in the city.

When they finally sat down at home, the father asked his son, "How was the trip?" "Really good, Dad! Everyone was so happy and friendly." "Ah, yes, but did you see how poor they were?" the father asked. "Yeah, I guess." "So, what did you learn?" The son answered, "I saw that we have a pool that reaches to the middle of the garden; they have a river that has no end. We have imported lamps in the garden; they have the stars. Our patio[*7] reaches to

---

*3 fast asleep：ぐっすり眠っている
*4 exhausted：へとへとになって、
　　非常に疲れて

*5 wave goodbye：
　　手を振ってさようならを言う
*6 luxurious：豪華な、ぜいたくな
*7 patio：パティオ、テラス

労働でへとへとに疲れてぐっすり眠ったのでした。翌朝、彼らはその貧しい家族にお礼を言い、手を振ってさようならを告げ、都会の豪華な家に車で帰って行きました。
　ようやく家に着いて腰を下ろすと、父親は息子に尋ねました。「旅行はどうだった？」。すると息子は、「すごく良かったよ、パパ！ みんなとても幸せそうだったし優しかった」「ああ、そうだね、でも彼らがどんなに貧しいか分

the front yard; they have a whole horizon.[*8] And I
learned that if there was a problem, everyone joined
in to get it fixed.[*9]"

---

*8 horizon：地平線   *9 get ... fixed：…を解決する

かったかい？」と父が尋ねると、息子は、「うん、たぶん」と答えました。「で、
何を学んだ？」。息子はこう答えました。「うちには庭の真ん中くらいまでの
プールがあるけど、あの人たちにはどこまでも続く川がある。うちの庭には
輸入もののランプがあるけど、あっちには星がある。うちのパティオは前庭
の所までしかないけど、彼らには地平線全部がある。それに、もし問題があっ
たら、みんなが集まってそれを解決するんだってことが分かったよ」

When the little boy was finished, his father didn't know what to say. His son added, "Thanks, Dad, for showing me how 'poor' we are!"

〔226words〕

　幼い息子が話し終えたとき、父親は何と言ってよいか分かりませんでした。そして息子はさらにこう言いました。「パパ、僕たちがどれだけ『貧しいか』教えてくれて、ありがとう！」

このストーリーのポイント

貧しい人を想像してみてください。ほとんど誰もがお金や食べ物を持っていない人のことを想像するでしょう。幸せな人を思い描く人はほとんどいないでしょう。しかし、この話の少年が浮き彫りにしているように、より多くの物を持っていることが必ずしもより幸せであるという意味ではないのです。

---

p. 211 解答例

1 一生懸命働き、食事をして、夜にはくつろいだ。
2 どこまでも続く川と星。
3 自分たちがどれだけ「貧しいか」ということ。

Put the Glass Down

グラスを置いて

✳

ある教師がグラスを持ち上げ、
「この水の入ったコップはどれくらいの重さ?」と聞くところから
ストーリーは始まる。講義の主題は、ストレスへの対処法。
このコップとストレスの関係性は?
どんなアドバイスが繰り出されるのだろう?

🖉 話の流れをつかもう

I 持ち上げたコップの重さは何によって決まると教師は言っているか?

2 コップの重さと同じことが言えるのは何か?

3 活力を取り戻して歩き続けるために、毎日必ず何をすることを勧めているか?

A teacher was talking to her students about stress management. She raised a glass of water and asked them, "How heavy do you think this glass of water is?"

The students' answers ranged[*1] from 20 to 500 grams.

---

*1 range from ... to ~：…から~に及ぶ、幅がある

　ある教師がストレス管理について生徒に話していました。彼女は水の入ったグラスを持ち上げて尋ねました。「このグラスの水はどれくらいの重さだと思いますか?」
　生徒の答えは20グラムから500グラムまでさまざまでした。

"As a matter of fact, how heavy it is doesn't depend on how much the water actually weighs. It depends on how long you hold it."

"If I hold it for a minute, it's OK. If I hold it for an hour, my arm will start to hurt. If I hold it for a day, you may have to call an ambulance! It is the exact same weight, but the longer I hold it, the heavier it becomes."

"The same goes for our burdens. If we carry them around with us all the time they will start to weigh us down. Sooner or later we will not be able to carry on."

"What you have to do is to put the glass down and rest for a while, before lifting it up again."

---

*2 as a matter of fact：実際のところ、実は
*3 weigh：…の重さがある
*4 ambulance：救急車
*5 the same goes for ...：
 …は同様、…もしかり

*6 burden：責任、負担、重荷
*7 weigh ... down：…の気を重くさせる、
 …の重荷になる
*8 sooner or later：遅かれ早かれ
*9 carry on：進む、続ける

「実は、この重さは水の実際の重量とは関係ありません。それをどれだけ長い間持っているかによって決まるのです」
「もし1分持っているだけなら、大丈夫でしょう。でももし1時間持っていたら、腕が痛くなってくるでしょう。もし1日持ち続けていたら、救急車を呼ばなければならないかもしれません！　全く同じ重さでも、持っている時間が長くなればなるほど重くなるのです」
「私たちの抱える重荷についても同じことが言えます。もしずっと背負い

We have to put down our burdens from time to
time, so that we can get our energy back and carry

続けていたら、その重さで打ちひしがれてしまうでしょう。遅かれ早かれ、
もう進むことができなくなるでしょう」
　「皆さんがやるべきことは、グラスを置いて少しの間休み、また持ち上げる
ことなのです」

　活力を取り戻し、歩き続けることができるよう、われわれは時々荷を下ろ

on. So be sure to make time for yourself each day to put all of your cares and troubles aside and just relax.

You can always pick them up later. Whatever burdens are weighing you down, forget about them for a moment if you can.

Pick them up again when you've rested. Life is short; enjoy it!

249 words

さなくてはいけません。ですから、毎日、心配事や悩みを脇に置いて肩の力を抜く時間を必ず作るようにしましょう。

　荷物をまた背負うことはいつでもできるのです。あなたを滅入らせている重荷があるのなら、できれば少しの間それらを忘れるようにしてください。

　休んだらまた持ち上げてください。人生は短いのです。楽しみましょう！

このストーリーのポイント

有名なことわざがこの話を端的に表しています。「よく学び、よく遊べ」。時々荷を下ろさなければ、自分という人間や人生はつまらないものになるでしょう。自分自身や人生の活力を回復するためには、休息を取ったり、仕事から離れてみたり、くつろいだりする時間が必要なのです。

---

p. 215 解答例

I コップを持っている時間の長さ。
2 私たちが抱える心の重荷。
3 心配事や悩みを脇に置いてリラックスする時間を作ること。

The House with the Golden Windows

黄金色の窓の家

✳

質素な家に住む女の子は、谷の向こう側にある家を見て、
「窓が黄金色に輝くあの家に住むことができたら、どんなにすてきだろう」
と夢見ている。ある日、自転車での外出を許された女の子は、
谷の向こうにあるあの家に向かう。そこで女の子が目にしたのは……。

🖊 話の流れをつかもう

1 貧しい女の子がずっと憧れていた黄金色の窓の家は、実際はどんな家だったか?

2 少女は自分がどんな家に住んでいたことが分かったか?

3 お話の最後で、少女はどんなことに気付いたか?

A poor little girl lived in a small, very simple[*1] house on a hill. Most days, she played in the house's small garden. As she grew taller, she could see over the garden fence, across the valley to a wonderful house high on a hill. The house had golden windows. The

---

*1 simple：質素な、簡素な

　ある貧しい女の子が、丘の上の小さくてとても質素な家に住んでいました。毎日のように、彼女は家の小さな庭で遊びました。背が伸びると、庭のフェンス越しに、谷の向こうの、丘の上の高いところにあるすてきな家が見えるようになりました。その家には黄金色の窓がありました。その窓があまりに

shining windows were so golden that the girl dreamed of how magic[*2] it would be to live there instead[*3] of in an ordinary house like hers.

And although she loved her parents and her family, she began to admire the house with the golden windows more and more. It became her custom to gaze[*4] at the house every day, rain or shine. "What kind of furniture does the house have? Does it have a lot of pretty dresses? I want to go there some day," she thought.

One day, when she was a little older, she asked her mother if she could go[*5] for a bike ride outside the gate and down the lane. Her mother said she could go, but she made the girl promise not to go too far. The day was beautiful and the girl knew exactly

---

*2 magic：素晴らしい、不思議な
*3 instead of ...：…ではなく、…の代わりに
*4 gaze at ...：…をじっと見る
*5 go for a bike ride：サイクリングに出掛ける

黄金色に輝いていたので、女の子は、自分の家のような平凡な家ではなく、そこで暮らしたらどんなに素晴らしいだろうと夢見ました。
　彼女は両親と家族を愛していましたが、あの黄金色の窓の家への憧れは、ますますふくらむ一方でした。晴れの日も雨の日も、毎日その家を眺めることが、すっかり習慣となりました。「あの家にはどんな家具があるのかしら？　きれいなお洋服がいっぱいあるかしら？　いつか、あのすてきな家に行ってみたいな」と思いをはせました。

where she was heading! She rode her bike down the
lane and across the valley, until she got to the gate
of the house with the golden windows, high on the
hill.

　ある日、少し成長した女の子は、門の外の小道を下って、サイクリングに
出掛けてもいいか、母親に尋ねました。母親は行ってもいいと言ってくれま
したが、あまり遠くまで行かないことを女の子に約束させました。その日は
いい天気で、彼女は自分の目指すところがどこか、はっきり分かっていまし
た！　女の子は自転車に乗って、小道を下り、谷を越え、とうとう丘の上の
高いところにある、あの黄金色の窓の家の門に着きました。

She leaned her bike against the gate post, and looked at the path that led to the house, and then at the house itself. But, oh, the windows were all plain and rather dirty, and they were reflecting nothing but the sad neglect of a house that had been forgotten.

The girl turned with a broken heart, and got on her bike. As she glanced up, she saw a surprising

---

*6 lean ... against ~ :
　 …を～に立て掛ける
*7 gate post：門柱

*8 lead to ... :（道などが）…へ続く
　（led は lead の過去形）
*9 glance up：ちらっと上を見る

　彼女は自転車を門柱に立て掛け、その家まで続く小道に目をやり、そして家そのものを見ました。ところが、何ということでしょう。どの窓もごく普通で、むしろ汚く、忘れられた家の放置されている悲しい姿を映しているだけでした。
　女の子はがっかりして引き返し、自転車に乗りました。ふと顔を上げると、

あなたは自分の周りのものや人のことをそんなに考えていないかもしれません。しかし、少し離れて外から見ると、それらが思っていたよりもずっと大切であることが分かるでしょう。他人が持っているものは、自分が持っているものより良く見えるかもしれませんが、必ずしもそうではないのです。あなたの周りのものや人のことを、もう一度見直してみてはいかがでしょうか？

sight. There, across the valley, was a little house and its windows were bright gold as the sun shone down … on her little home.

She realized that she had always been living in a house with golden windows and that all the love and care she found there was what made her home the "golden house." Everything she had always wanted was right there in front of her nose. [10]

362words

*10 in front of one's nose：目と鼻の先に

驚きの光景がありました。谷の向こう側に小さな家があり、その窓は日に照らされて、鮮やかな黄金色をしていました……それは、彼女の住む小さな家でした。

　自分はずっと黄金色の窓のある家に住んでいて、そこに見いだす全ての愛や思いやりが、彼女の家を「黄金色の家」にしているのだと、彼女は気付きました。彼女がいつも求めていたものは全て、彼女の目と鼻の先にあったのです！

p. 219 解答例

1 ごく普通の汚い窓の、忘れられて放置された家。
2 黄金色の窓のある家。
3 彼女がいつも求めていたもの全ては、自分の目と鼻の先にあったこと。

🔊 39

Keep Your Fork

フォークは持ったままで

✳

余命あとわずかのある若い女性が、自分の葬式で身に着けたい服装、
読んでもらいたい聖書の一節などを牧師に伝えている。
そして、女性からの最後のお願いは、思いもよらないものであると同時に、
非常に胸を打たれるものだった……。女性の願いとは?

✏ **話の流れをつかもう**

1 若い女性が牧師に伝えた、最後の最も大切な依頼とはどんなことだったか?

2 若い女性は、自分の死後に何があると信じていたか?

3 お話の最後で、フォークに関して何と言っているか?

There was a young religious[*1] woman who had been told she was dying and had been given three months[*2] to live. So as she was getting her things "in order,"[*3] she contacted her priest[*4] and asked him to come to her house to discuss certain details of her final[*5] wishes.

---

*1 religious:信心深い、敬けんな
*2 have ~ month(s) to live:
　余命が〜カ月である
*3 in order:整って、整理されて
*4 priest:牧師
*5 final wishes:遺言

　余命3カ月を宣告された、若くて信心深い女性がいました。身の回りを「整理」するにあたり、彼女は牧師に連絡を取り、遺言の詳細を話し合うため家に来てほしいと頼みました。

She told him which songs she wanted to be sung
at her funeral service[*6], what Bible stories she would
like to be read out, and what clothes she wanted to
be buried[*7] in.

Everything was almost in order, and the priest was
preparing to leave when the young woman made her

---

*6 funeral service：葬式、葬儀   *7 bury：…を埋葬する

　彼女は牧師に、自分の葬式でどの歌を歌ってほしいか、聖書のどの物語を
読んでほしいか、どんな服装で埋葬してほしいかといったことを伝えました。
　全ての手配がほぼ整い牧師が帰る準備をしていたとき、若い女性は最後の、

final and most important request.

"There's one more thing," she said calmly.

"What's that?" came the priest's reply.

"This is very important," the young woman continued. "I want to be buried with a fork in my right hand."

The priest stood looking at the young woman, not knowing quite what to say.

"I suppose that surprises you, doesn't it," the young woman said.

"Well, to be honest, I am puzzled[8] by the request," said the priest.

---

*8 puzzle：…を困惑させる

そして最も大切な依頼をしました。
「もう一つあるのですが」と彼女は静かに言いました。
「何ですか？」と牧師は返答しました。
「とても重要なことなのです」とその若い女性は続けました。「埋葬されるとき、右手にフォークを持っていたいのです」
牧師は何と言ったら良いか全く分からずに女性を見つめて立っていました。
「驚かせてしまいましたよね」と女性は言いました。
「あの、正直なところ、そのご依頼に戸惑っています」と牧師は言いました。

The young woman explained. "My grandmother
once told me a story, and from that time I have
always believed in its message. I have also always
tried to pass that message on to those I love and
those who are finding life hard."

"My grandmother told me this: 'In all my years of
attending socials and dinners, I always remember
that when the dishes of the main course were being
cleared, someone would lean over and say, "Keep
your fork." It was my favorite part, because I knew
that something better was coming — like velvety
chocolate cake or deep-dish apple pie. Something

---

*9 pass：…を手渡す、伝える
*10 social：親睦会、パーティー
*11 clear：…を片付ける

*12 lean over：身を乗り出す
*13 velvety：滑らかな、口当たりの良い
*14 deep-dish：深皿で焼いた

その若い女性は説明しました。「私の祖母が昔、ある話を聞かせてくれて、それ以来ずっと私はそのメッセージを信じてきました。それに、自分の愛する人たちや人生に悩んでいる人たちにもそのメッセージを伝えようとしてきました」

「祖母はこんな話をしてくれたんです。『これまでの人生でパーティーやディナーに出席した際、メインコースのお皿が下げられているときに誰かが身を乗り出して、『フォークは持ったままで』と言っていたのをよく思い出します。それは私の大好きな瞬間でした。なぜなら何かさらにおいしいものが来ることが分かっていたから──滑らかなチョコレートケーキや深皿焼きの

wonderful, and worth waiting for!' "

"So, I just want people to see me lying there in that coffin[*15] with a fork in my hand, and I want them to wonder, 'What's with the fork?' Then I want you to tell them: 'Keep your fork ... The best is yet[*16] to come.' "

The priest's eyes filled with tears as he said goodbye to the young woman. He knew this would be one of the last times he would see her before her death. But he also knew that the young woman had a stronger belief[*17] in heaven than he did. She had a stronger belief in what heaven would be like than

---

*15 coffin：棺
*16 yet to come：
　　まだ来ていない、これから来る

*17 belief：信仰

アップルパイのような。素晴らしくて待つ価値のある何かが！』」
　「ですから、みんなには私が手にフォークを持って棺に横たわっている姿を見て、『なぜフォークを持っているの？』と思ってほしいのです。そしてあなたから伝えてほしいのです。『フォークは持ったままで……一番のお楽しみはこれから来るのだから』と」
　その若い女性に別れを告げるとき、牧師の目は涙であふれていました。彼女が亡くなる前に会う機会はこれが最後になるかもしれないと知っていたからです。と同時に、この女性が天国の存在を自分以上に強く信じているのだということも分かっていました。彼女は、自分の倍もの歳で経験も知識も倍

many people twice her age with twice as much experience and knowledge. She truly believed that something better was coming.

At the funeral, people were walking by the young woman's coffin and they saw the clothes she had chosen and the fork in her right hand.[*18] Over and over, the priest heard the question: "What's with the fork?" And over and over he smiled.

During his message,[*19] the priest told the people of the conversation he had had with the young woman before she died. He also told them about the fork and about what it meant to her. The priest told the

---

*18 over and over：繰り返し　　　*19 message：説教

ある多くの人たちよりも、天国がどんなものであるかについて強い信念を持っていました。これからもっとすてきなことがやってくると本当に信じていたのです。

　葬式で人々はその若い女性の棺の横を歩き、彼女が事前に選んだ服や、右手に持ったフォークを目にしました。「あのフォークは何？」という質問を牧師は何度も耳にしました。そして彼は何度もほほ笑みました。

　牧師は説教の中で、女性が亡くなる前に交わした会話のことを参列者に話しました。彼はフォークとそれが彼女にとってどんな意味を持っているかについても伝えました。牧師は人々に、そのフォークのことがいかに頭から離

people how he could not stop thinking about the fork and told them that they probably would not be able to stop thinking about it either.

So the next time you reach down for your fork, let it remind you, ever so gently, that the best may be yet to come.

[543words]

---

*20 ever so：とても

れなかったか、そしてまた、聞いている人々もおそらくこれから頭から離れないだろうと話しました。
　今度フォークに手を伸ばすとき、一番良い瞬間はこれから来るかもしれないということをそっと思い出してください。

誰しも心配事や失望することがあります。人生には、いろいろなことで意気消沈し、良い時期はもう全て過ぎ去ってしまったように感じられるときがあります。この話は私たちに、未来にはさらに良い時期がたびたびあるかもしれないから望みを捨ててはいけないということを思い出させてくれます。

---

p. 224 解答例

I 埋葬の際に、自分の右手にフォークを持たせてほしいということ。
2 もっとすてきなことがやってくること。
3 今度フォークに手を伸ばすとき、一番良い瞬間はまだこれから来るかもしれないということを思い出してほしい。

◀)) 40

The Present
プレゼント

✳

私たちは毎朝、「銀行」からあるものを引き出している……、
という語りかけから始まるこのストーリー。
全ての人が持っているこの口座は、実はためることができません。
私たちはいったい何を引き出して使っているのでしょうか。

🖊 **話の流れをつかもう**

1 私たちの誰もが持っている銀行の名前は何か？

2 最高の健康、幸福、成功を手に入れるために何をするよう言っているか？

3 エレノア・ルーズベルトは「今日」は何であると書いたか？

Imagine there was a bank that each morning
credited your account with a large sum of money.
But, it carried over no balance from day to day.
Every evening it removed whatever part of the
balance you failed to use during the day. What
would you do? Draw it all out, of course!

---

*1 credit ... with ~：…に〜を信用貸しする　　*3 balance：残高、差額
*2 a large sum of money：大金

　毎朝あなたの口座に大金を振り込んでくれる銀行を想像してみてください。
ただし残高は翌日には繰り越されません。毎晩、その日に使い損ねた残金は
全て消えます。あなたならどうしますか？　もちろん、全て引き出しますよ
ね！

Each of us does have such a bank. Its name is Time. Every morning, it credits you with 86,400 seconds. Every night it writes off [*4] as lost [*5] whatever of this you have failed to use to good purpose. [*6] It carries [*7] over no balance. It allows no overdraft. [*8] Each day it gives you 86,400 shiny new seconds to use as you [*9] please. Each night it burns the remains [*10] of the day. If you fail to use the seconds, minutes and hours of the day, the loss is yours. There is no going back. There is no drawing [*11] against tomorrow. You must live in the present [*12] on today's hours. Invest [*13] them wisely so as to get the best in health, happiness, and success!

---

*4 write off：（回収不能とみなし）
　帳簿から消す、差し引く
*5 lost：遺失した
*6 to good purpose：十分効果的に
*7 carry over ...：…を持ち越す、繰り越す
*8 overdraft：当座貸越（借越）、
　過度の引き出し

*9 as you please：好きなように
*10 remain：残り
*11 draw... against ~：～から…を引き出す
*12 present：現在
*13 invest：投資する

実際、私たちの誰もがそのような銀行を持っています。その名前は「時間」です。毎朝8万6400秒を貸し付けてくれます。そして毎晩、十分効果的に使うことができなかった部分は全て損失として帳簿から消されます。残高は持ち越されません。限度を超えて借り越すこともできません。毎日、あなたが好きなように使える8万6400秒というピカピカの新しい時間をくれるのです。そして毎晩、その日の残りを燃やし尽くします。もしその日の秒、分、時

The clock is running. Make the most of today.[*14]

And remember that time waits for no one. As

---

*14 make the most of ... : …を最大限に活用する

間を使い損ねてしまったら、それはあなたの損失になります。取り返すこと
はできません。「明日」の分を先に引き出すこともできません。今日の時間
を使って現在を生きなくてはいけないのです。最高の健康、幸福、そして成
功を手に入れるために、その時間を賢く投資してください！

　時計は回っています。今日という日を最大限に活用してください。そして、
時は誰も待ってはくれないということを忘れないでください。エレノア・

*15

Eleanor Roosevelt wrote, "Yesterday is history. Tomorrow is mystery. Today is a gift. That's why it's called the present."

211words

---

*15 Eleanor Roosevelt：エレノア・ルーズベルト
（アメリカ合衆国第32代大統領
フランクリン・ルーズベルトの夫人）

ルーズベルトがこう書いていました。「昨日はヒストリー（歴史）。明日はミステリー（謎）。でも今日はギフト（贈り物）です。だからそれをプレゼント（現在）と呼ぶのです」

時間はかけがえのない物です。誰しも過去に時間を無駄にしたことがあるでしょうが、一つ朗報は、この話を読んでいる今、この先にもっと時間があるということです。ですから、これからの時間を無駄にしないでください！　今この瞬間、新たにスタートし、自分が選んだ通りの方法で時間を使うことができるのです。

p. 231 解答例

1 時間。
2 時間を賢く投資すること。
3 ギフト（贈り物）、つまりプレゼント（現在）。

Twenty Dollars

20ドル

✳

あるセミナーで講師が、「この20ドルを欲しい人は？」と
尋ねるところからストーリーは始まる。
その質問の後講師は、その20ドルを手で握りつぶしたり、
靴で踏みつけたりと、何やらお札をぐちゃぐちゃにし始めた。
講師はなぜそのような行動を取ったのだろう……？

✏️ **話の流れをつかもう**

1 靴で踏みつけて汚れてしまっても、20ドル札を欲しがる人がいたのはなぜか？

2 人生で落とされたり踏みつけられたりしたとき、私たちはどのように感じてしまうと講師は言っているか？

3 人間の価値はどこにあると言っているか？

A $\overset{*1}{\text{well-known}}$ speaker started off a speech by
holding up a \$20 bill. In front of 200 people, he
asked, "Who would like this \$20 bill?"

Hands started going up. He said, "I am going to
give this \$20 to one of you — but first, let me do

---

*1 well-known：有名な

　ある有名な講師は、20ドル札を持った手を上げることでスピーチを始めました。200人の前で彼は、「この20ドル札が欲しい人はいますか？」と聞きました。
　すると手が上がり始めました。彼は、「この20ドルをそのうちのお一人に差し上げます。ただ、まずこうさせてください」と言いました。

this."

He then crushed the $20 note[*2] in his hand and asked, "Who still wants it?"

Still the hands were up in the air.

"Well," he replied, "What if I do this?"[*3]

He dropped it on the floor and started to crush it with his shoe. He picked it up, now crushed and dirty. "Now, who still wants it?"

Still the hands stayed in the air.

"My friends, you have all learned a very valuable lesson. No matter what I did to the money,[*4] you still wanted it because it did not decrease in value.[*5] It was still worth $20.

Many times in our lives, we are dropped, crushed,

---

*2 note：紙幣（＝ banknote）
*3 What if ... ?：
　　もし…だったらどうでしょう？
*4 no matter what I did to the money：
　　このお金に私が何をしようとも
*5 decrease in value：価値が下がる

　そして彼は、その20ドル札を手で握りつぶしてから聞きました。「これでもまだ欲しい人は？」
　それでも手は上がったままでした。
　「では」、と彼は言いました。「こうしたらどうでしょう？」
　彼はそれを床に落とし、靴で踏みつけ始めました。そして、もはやくしゃくしゃになって汚れてしまったお札を拾い上げました。「さて、これでもまだ欲しい人は？」
　手はまだ上がったままでした。

and ground^{*6} into the dirt^{*7} by the decisions we make
and the situations that come^{*8} our way. We feel as^{*9}
though we have no value. But no matter what has

---

*6 grind：…を踏みつける
　（groundはgrindの過去分詞）
*7 dirt：土

*8 come one's way：…の行く手に
　やって来る、…の身に起こる
*9 feel as though …：
　まるで…であるかのように感じる

「みなさん、あなたたちはとても大切な教訓を学びましたね。このお金に私が何をしようと、あなたがたはまだそれを欲しがりましたね、なぜならお金の価値は下がっていないからです。依然としてそれは20ドルの価値がありました。

私たちの人生には何度も、自分のした決断やたまたま出合った状況のために、落とされたり、つぶされたり、土に踏みつけられたりすることがあります。そんなとき私たちは、自分には価値がないように感じてしまいます。でも、

happened or what will happen, you will never lose your value. Dirty or clean, you are still important to those who love you.

Your worth comes not from what you do or who you know, but from who you are.

You are special. Don't ever forget that." [234words]

今までどんなことがあっても、そしてこれからどんなことが起きても、あなたの価値は決してなくなりません。汚れていてもきれいでも、あなたを愛する人たちにとってあなたはいつでも大切な存在なのです。

あなたの価値は、あなたがどんな仕事をしているかということや、どんな人脈があるかということにあるのではなく、あなたがどんな人物か、ということにあるのです。

あなたは特別なのです。そのことを決して忘れないでください」

このストーリーのポイント

この男性はいわゆる「モチベーショナルスピーカー」と呼ばれる人です。こういった講演をする人たちはアメリカではとても人気があります。彼らは、社員に会社の方針を理解させるため、またチームワークを学ばせるために企業で講演をするよう依頼されます。特にこのスピーチでは、個々の人間の大切さと価値が強調されています。

p. 235 解答例

1 お金の価値は下がっていないから。
2 自分には価値がない。
3 どんな仕事をしているかやどんな人脈があるかではなく、自分がどんな人物であるかということ。

The Important Things in Life

人生で重要なこと

✳

ある教授が大きな瓶を石で満たして、
瓶がいっぱいかどうか学生たちに尋ねる。
さらに小石を入れたり、砂を入れたりするたびに、同じことを尋ね……。
教授が学生たちに伝えたいこととは？

🖋 **話の流れをつかもう**

1 瓶の中の石と小石と砂はそれぞれ何を表していると教授は言ったか？

2 最初に砂を瓶に入れてしまったらどうなると教授は言ったか？

3 お話の最後で、教授は学生たちに何をするように伝えているか？

A professor stood in front of his students, behind a table covered with several boxes of rocks and sand, as well as a very large, empty jar.[*1] When the class began, without talking, he began to fill the jar with ping-pong ball sized rocks.[*2]

He then asked the students if the jar was full.

---

*1 jar：広口瓶　　　　　　*2 ping-pong ball：ピンポン玉

ある教授が、石や砂の入ったいくつかの箱ととても大きい空の瓶が置かれたテーブルの向こう側に、学生たちを正面にして立ちました。授業が始まると、彼は無言で、ピンポン玉ほどの大きさの石で瓶をいっぱいにし始めました。

そこで彼は、学生たちに瓶の中身がいっぱいかどうか尋ねました。彼らは

They agreed that it was.

So the professor then picked up a box of smaller rocks and poured them into the jar. He shook the jar lightly. The smaller rocks, of course, fell down to the spaces between the larger rocks.

He then asked the students again if the jar was full. They agreed that it was.

The professor picked up a box of sand and poured it into the jar. Of course, the sand filled up the
[*3]
remaining spaces in the jar.

He then asked once more if the jar was full. Every student said "Yes."

"Now," said the professor, "I want you to recognize that this jar represents your life. The rocks are the important things — your family, your partner, your

---

*3 remaining：残りの

いっぱいだと同意しました。
　続いて、教授はもっと小さい石が入った箱を手に取り、それらを瓶の中に入れました。彼は軽く瓶を振りました。小石はもちろん、大きな石の隙間に落ちていきました。
　そこで彼は、再び学生たちに瓶の中身がいっぱいかどうか尋ねました。彼らはいっぱいだと同意しました。
　教授は砂が入った箱を手に取り、それを瓶の中へ流し入れました。もちろ

health, your children — things that if everything else was lost and only they remained, your life would still be full. The smaller rocks are other things that may matter[4] — like your job, your house, your car.

---

[4] matter：重要である

ん砂は、瓶の中にまだ残っていた隙間を埋め尽くしました。
　そこで彼はもう一度学生たちに、瓶の中身はいっぱいかどうか尋ねました。彼らは皆「はい」と答えました。
　「さて」と教授は言いました。「この瓶があなたたちの人生を表している、ということを知ってほしいのです。石は、家族やパートナー、健康、子どもといった重要なもので、もし他の全てが失われても、それさえ残れば、あなたの人生は充実していると思われるものです。小石は、仕事や家、車など、その

The sand is everything else, the small stuff."[*5]

"If you put the sand into the jar first," he continued, "there is no room[*6] for the smaller rocks or the larger rocks. The same goes[*7] for your life. If you spend all your time and energy on the small stuff, you will never have room for the things that are important to you. Pay attention[*8] to the things that are important to your happiness. Play with your

---

*5 small stuff：取るに足らないもの
*6 room：余地

*7 the same goes for ...：
　　…についても同じことが言える
*8 pay attention to ...：…に目を向ける

他の重要と思われるものです。砂は、その他全てのもの、取るに足らないものです」

　「もしあなたがまず、瓶に砂を入れてしまったら」と、彼は話を続けました。「小石や大きな石の入る余地はありません。同じことが人生にも言えます。取るに足らないことに全ての時間やエネルギーを費やせば、あなたにとって重要なものに費やす余地が全くなくなってしまいます。あなたの幸せにとって重要なことに目を向けてください。自分の子どもと遊びなさい。パートナー

このストーリーのポイント

毎日の生活の中で、私たちはやりたいことが全てできるわけではありません。時間は限られているのです。ですから、日頃から自分にとって何が一番重要なのかを考える必要があります。そうすることで、たとえやりたいことが全部できなくても、重要なことだと心に留めていることは実行できるのです。

children. Go out together with your partner. Take care of yourself. There will always be time to go to work, clean the house, give a dinner party, or fix the kitchen sink."

"Take care of the rocks first — the things that really matter. Rank things that are important to you. The rest is just sand."

345words

と一緒に出掛けなさい。自分の体をいたわりなさい。仕事に行ったり、家を掃除したり、ディナーパーティーを開いたり、台所のシンクを直す時間はいつでもあります」

「まず石を、本当に重要なことを大事にしなさい。あなたにとって重要なことに順位を付けるのです。残りは、ただの砂なのですから」

p. 239 解答例

1 石は家族やパートナー、健康、子どもといった人生で重要なもの、小石は仕事や家や車などのその他の重要なもの、砂はその他全ての取るに足らないもの。
2 小石や大きな石が入る余地がなくなる、つまり人生で重要なものに費やす時間やエネルギーの余地がなくなってしまう。
3 本当に重要なことを大事にして、自分にとって重要なことに優先順位を付けること。

生きる知恵

slow 🔊 43

Gossip
うわさ話

✳

ある女性が流した隣人のうわさ話があっという間に広まり、
隣人を深く傷つけてしまう。
後日、女性は自分が広めたうわさが事実ではなかったことを知る。
長老を訪ねて、どうすれば罪滅ぼしができるか教えを請うが……。

話の流れをつかもう

1 罪滅ぼしのための教えを求めた女性に対して、長老は何をするように言った
か?

2 長老のアドバイスを実行した女性は、翌日何に気付いたか?

3 お話の最後で、長老はうわさ話についてどのように語ったか?

A woman started gossiping about one of her neighbors. Within a few days the whole community knew the story. The neighbor was deeply hurt and offended. Later the woman responsible for spreading the rumors learned that she had been wrong. She

---

　ある女性がある隣人のうわさ話を流しました。その話は、数日で地域中に広まりました。その隣人は深く傷つき、気分を害しました。その後、うわさを広めた張本人である女性は、自分が間違っていたことを知りました。彼女は

was very sorry and went to a wise old man to find out what she could do to repair the damage.

The wise old man said, "Go and get a chicken. Then pluck[*1] its feathers and drop them[*2] one by one along the road."

---

*1 pluck :（動物の毛などを）むしり取る　　*2 one by one : 一つずつ、一枚ずつ

とても申し訳なく思い、罪滅ぼしのためにできることを見つけようと、長老の元へ行きました。
　長老は言いました。「ニワトリを手に入れてきなさい。そして羽をむしり取り、道に沿ってその羽を一枚ずつ落としなさい」

Although she was surprised by his advice, the woman did what the wise old man had told her to do.

The next day the wise old man said, "Now go and collect all the feathers you dropped yesterday and bring them back to me."

The woman followed the same route, but to her[*3] disappointment, the wind had blown nearly all of

---

*3 to one's disappointment：…ががっかりしたことには、残念ながら

そのアドバイスに驚きながらも、女性は長老に言われたとおりにしました。
翌日、長老は言いました。「今度は、昨日落とした羽を全部拾い集めにいって、私のところへ持ってきなさい」
女性は同じ道をたどりましたが、残念ながら、風が羽をほとんど全部吹き

この
ストーリー
の
ポイント

「覆水盆に返らず」ということわざをご存知ですよね。また、「なされたことはなされなかったことにはできない」という、シェークスピアの有名な戯曲「マクベス」に出てくる一節もあります。この話の女性が広めたうわさ話は、話されなかったことにはできないのです。このことから、何かをする前に、自分がしようとしていることについて慎重に考えるべきだということが分かりますね。

the feathers away. After searching for hours, she returned to the wise old man with only three in her hand.

"You see," said the wise old man, "it's easy to drop them, but it's impossible to get them back. It's the same with gossip. It doesn't take much to spread a rumor, but once you do, you can never get it back."

208 words

飛ばしてしまっていました。何時間も探した末、彼女は三枚だけ手にして長老の元に戻りました。

「お分かりのように」と、長老は言いました。「羽を落とすのは簡単でも、それを取り戻すことは不可能なのです。うわさ話も同じです。うわさを広めるのに大して時間はかかりませんが、一度広めてしまうと、それを取り戻すことは決してできないのです」

---

p. 244 解答例

I ニワトリの羽を一枚ずつ道に沿って落とすこと。
2 道に落とした羽が風でほとんど全て吹き飛ばされていた。
3 うわさを広めるのは時間がかからないが、一度広まったらそれを取り戻すことはできない。

◀)) 44

The Wooden Bowl
木 の 器

✳

食べ物をこぼしたり、お皿を割ったりする年老いた父親に、息子夫婦は
不満を募らせていた。そこで二人は、父親に冷たい仕打ちをする。
そんなある日、幼い息子が夫婦のために「ある物」を作っていた。
そして、その「ある物」が何かを聞いた二人は、大きな衝撃を受ける。
息子が作っていた物とは……。

🖌 話の流れをつかもう

1 食べ物をこぼしたりうるさい音をたてる老人にうんざりした息子夫婦は、どの
ような行動を取ったか?

2 男の子は木片で何を作っていたのか?

3 男の子が木片で作ろうとしていたものを知った夫婦にどんな変化があっ
たか?

An old man went to live with his son, daughter-in-law, and four-year-old grandson[*2]. The old man's hands shook, his eyes were weak, and he walked slowly.

---

*1 daughter-in-law：義理の娘　　　*2 grandson：孫息子

　ある歳老いた男性が、息子と義理の娘、そして4歳の孫息子と同居し始め
ました。その老人の手は震え、視力は弱く、歩くのもゆっくりしていました。

The family ate together at the dinner table every night. But the old grandfather's shaking hands and weak sight made eating rather difficult. Peas rolled off his spoon onto the floor. When he lifted his glass, milk would often fall on the tablecloth. The

---

*3 grandfather：祖父
*4 sight：視力

*5 roll off ...：…から転がり落ちる

家族は毎晩ディナーテーブルで一緒に食事をしていました。しかし、その歳老いた祖父は、震える手や衰えた視力のせいで、食事をすることがかなり難しくなっていました。豆はスプーンから床に転げ落ちました。グラスを持ち上げると、牛乳がテーブルクロスにこぼれることは度々ありました。老人

son and daughter-in-law became angry with him. "We must do something about my dad," said the son. "I've had enough of his milk on the tablecloth, noisy eating, and food on the floor." So, the husband and wife set a small table in the corner. There, the old man ate alone while the rest of the family enjoyed dinner at the dinner table.

Since the old man had broken a dish or two, his food was served in a wooden bowl. Sometimes when the family glanced in his direction, he had a tear in his eye as he ate alone. Still, the only words the couple had for him were sharp words when he

---

*6 I've had enough of ...:
 …にうんざりだ、…はもうたくさんだ
 ('ve は have の縮約形)

*7 glance in one's direction:
 …の方をちらりと見る

*8 sharp words:きつい言葉、厳しい言葉

の息子と義理の娘は彼に腹を立てました。「おやじを何とかしないと」と息子が言いました。「テーブルクロスにこぼれた牛乳や食べるときのうるさい音、それに床に落ちた食べものはもうたくさんだ」。そして夫と妻は部屋の隅に小さなテーブルを置きました。残りの家族がディナーテーブルで夕食を楽しむ間、老人はそこで一人で食べました。

老人がお皿を1、2枚割って以来、彼の食事は木の器で出されました。ときどき、家族が老人の方に目をやると、彼は目に涙を浮かべながら一人で食事をしていました。それでも、夫婦の口から出てくるのは、老人がフォークや

dropped a fork or some food. The four-year-old watched everything in silence.

One evening before supper, the father noticed his son playing with some pieces of wood on the floor. With a sweet voice, he asked the child, "What are you doing down there?" With an equally sweet voice, the boy responded, "Oh, I am making a little bowl for you and Mom to eat your food from when I grow up." The four-year-old smiled and went back [*9] to work. The words so struck [*10] the parents that they could not speak. Then tears started to stream down [*11] their cheeks. Realizing how cruel [*12] they had been,

---

*9 go back to work：作業に戻る、
　やっていたことを再開する
*10 strike：…の心を打つ、
　…に衝撃を与える
　（struck は strike の過去形）

*11 stream down ...：
　…を伝って流れ落ちる
*12 cruel：ひどい

食べものを落としたときのきつい言葉ばかりでした。彼らの4歳の息子は全てを黙って見ていました。
　ある夜の夕食の前、父は息子が床に座って木片で遊んでいるのに気付きました。父は優しい声で、「そこで何をやっているんだい？」と尋ねました。すると同じように優しい声で、男の子は答えました。「あのね、僕が大きくなったときにパパとママがご飯を食べる器を作ってるんだ」。その4歳の息子はにっこりと笑ってまた作り始めました。その言葉に衝撃を受けるあまり、両親は声も出ませんでした。そして涙がほおを伝って流れ始めました。自分たちがいままでどれだけひどいことをしてきたかを悟り、二人は息子を、そし

they both held their son tight, then their father.
That evening the husband took the old man's hand
and gently led him back to the family table.

For the rest of his days he ate every meal with the
family. And, neither husband nor wife cared any
longer when a fork was dropped, or the tablecloth
was soiled.[13]

347words

---

*13 soil：…を汚す

て父をきつく抱きしめました。その夜、夫はその老人の手を取り、家族の食
卓に優しく招き戻しました。
　老人はその日から亡くなるまで、毎食を家族と一緒に食べました。そして、
夫も妻も、フォークが落ちようと、テーブルクロスが汚れようと、全く気に
しなくなりました。

この
ストーリー
の
ポイント

この話は、子どもはときにとてもよく物事を見ているということを
示しています。この夫婦のように、大人は日々のささいなことに気
を取られてしまい、人に優しくしたり親切にしたりすることを忘れ
てしまいがちです。この優しい男の子の行動によって、両親は、自
分たちが父親に対してどんなにひどいことをしていたのかを悟った
のです。

---

p. 248 解答例

I 部屋の隅に小さなテーブルを置いて、老人に一人で食事をさせた。
2 自分が大人になったときに両親がご飯を食べるための木の器。
3 フォークが落ちてもテーブルクロスが汚れても、全く気にしなくなった。

Chapter

6

人・社会との
関わりについての話

＋ ——— ＋ ———— ＋

Growing Good Corn

おいしいとうもろこしを育てる秘けつ

✳

州の品評会にとうもろこしを出品し、
ほぼ毎年優勝している農場主がいた。
ある新聞記者が、質の良いとうもろこしを育てる秘けつを
本人に尋ねてみると……。

✎ 話の流れをつかもう

I 品評会でほぼ毎年優勝している農場主は、近隣の人たちに対して何をしていたか?

2 農場主は、良いとうもろこしを育てたいなら何が必要だと言ったか?

3 幸せに暮らしたいと願うならどうすればいいと新聞記者は気付いたか?

Once, there was a Nebraska farmer who grew excellent corn. Each year he entered his corn in the state fair[*1], where it almost always won the blue ribbon prize[*2].

One year a newspaper reporter interviewed the

---

*1 state fair：州の農産物品評会   *2 blue ribbon prize：最優秀賞、特選

　かつて、ネブラスカに素晴らしいとうもろこしを育てる農場主がいました。毎年彼は自分のとうもろこしを州の品評会に出し、ほぼ毎回最優秀賞を受賞していました。
　ある年、新聞記者がその農場主にインタビューをし、彼のとうもろこしの

farmer and learned*³ something interesting about how he grew his corn. The reporter discovered that the farmer shared his seed*⁴ corn with his neighbors.

"How*⁵ can you afford to share your best seed corn with your neighbors, when they are entering corn in the same competition as you each year?" the reporter asked.

---

*3 learn：…を知る

*4 seed corn：種とうもろこし

*5 How can you afford to ...？：
　　どうして…する余裕があるのか？

育て方について面白い事実を発見しました。記者は、その農場主が近隣の人たちに自分の種とうもろこしを分けてあげているということを知ったのです。
　「近隣の農家も毎年同じ品評会にとうもろこしを出しているのに、なぜ彼らにあなたの最高の種とうもろこしを分けてあげる余裕があるのですか？」と記者は尋ねました。

"Aren't you worried that their corn will win instead?"

"Well, sir," said the farmer, "it's not only the seeds — it's how you grow the corn. When it's windy, the pollen[6] from the corn plant is picked up by the wind, and it flies out over all the nearby fields. If my neighbors grow corn that isn't as good as mine, their pollen will mix with my plants, and my quality[7] will go down, too. If I want to grow good corn, I have to help my neighbors grow good corn."

---

*6 pollen：花粉　　　　　　　　*7 quality：質

> 「あなたのではなく彼らのとうもろこしが優勝したら、と心配にならないんですか？」
> 「えーとですね」とその農場主は言いました。「種だけの問題ではないんです——とうもろこしの育て方が大事なんですよ。風の強い日には、とうもろこしの花粉が風に乗って近くの畑全部に飛んで行きます。もし近所の人たちがうちのほど良くないとうもろこしを栽培して いたら、その花粉はうちのとうもろこしと混ざり、うちのとうもろこしの質も下がってしまいます。良いとうもろこしを育てたいなら、近隣の農家も良いとうもろこしを育てられるよう手助けしなくてはなりません」

このストーリーのポイント

この話は私たちに共有することの大切さについて教えてくれます。もしあなたの知り合いにいつも幸せそうで優しい人がいたら、おそらくその人は共有するのが上手な人でしょう。幸運を一人占めしようとする人は、自分が持っているものを守らなければと気をもんで過ごし、くつろいだり友人を作ったりすることに費やす時間があまりないことが多いのです。

The explanation made the reporter understand the [*8]connectedness of [*9]living things — how the conditions in one field could [*10]touch all the fields around it.

He realized that this was not only true in farming. If you hope to live in happiness, you will be more successful if you also help your neighbors to live in happiness. If you don't, [*11]it won't be long before the unhappiness around you begins to affect you, too. After all, the value of one life is [*12]measured by the lives it touches.

266words

---

*8 connectedness：連結、つながり
*9 living things：
　　生きとし生けるもの、生命体
*10 touch：…に影響を与える

*11 it won't be long before ...：
　　ほどなく…だろう
*12 measure：…を評価する、査定する

　その説明で記者は生命のつながり——つまりある畑の状態がいかに周りの畑全てに影響するのか——ということを理解しました。

　このことは農業だけに当てはまるものではないと彼は気が付きました。もし幸せに暮らしたいと願うなら、自分だけでなく周りの人たちも幸せに暮らせるよう手助けすれば、自分もより幸せになれるのです。もしそうしなければ、ほどなく周りの不幸があなた自身にも影響を及ぼし始めるでしょう。結局のところ、一人の人生の価値は、その人生が影響を与えた人達の人生によって評価されるのです。

---

p. 254 解答例

I 自分の種とうもろこしを分けてあげていた。
2 近隣の農家が良いとうもろこしを育てられるように手助けをしてあげること。
3 自分だけでなく周りの人たちも幸せに暮らせるように手助けする。

Subway Hero

地下鉄のヒーロー

✳

ニューヨークの地下鉄で電車を待っていた若い大学生が、
けいれんを起こして線路に転落してしまった。近くにいた男性は、
大学生を助けるためにためらうことなく線路に飛び降りた。
電車はごう音をとどろかせながら、二人に迫ってくる……。

✎ 話の流れをつかもう

1 線路に飛び降りたウェズリーは、迫ってくる電車の音を聞いてどんな行動を取ったか?

2 ウェズリーは娘たちに何を伝えてくれるように言ったか?

3 学生が病院のスタッフに保護されるのを見届けた後、ウェズリーはどうしたか?

It was a normal January afternoon in New York for Wesley Autry. Wesley had just picked up his two daughters, aged 4 and 6, and was taking them home before heading to work himself.

それはウェズリー・オートリーにとっていつもと変わらない1月の午後でした。ウェズリーは4歳と6歳の娘を迎えに行った後、仕事に向かう前に子どもたちを家に連れて帰るところでした。

    As the three of them waited for the subway train to arrive, a young college student standing near the tracks[*1] suddenly began to shake, then he fell to the floor. Wesley and two other women tried to help the young man, but after a few moments the student seemed to recover[*2]. Shakily[*3], he stood up, then

---

*1 track：線路

*2 recover：回復する

*3 shakily：震えて、よろよろと

　地下鉄の電車が来るのを三人が待っていると、線路のそばに立っていた若い大学生が突然震えだし、床に倒れました。ウェズリーとほかの二人の女性がその若者を助けようとしましたが、その学生はすぐに回復したように見えました。彼はよろよろと立ち上がり、そして突然後ろに倒れました――線路

suddenly fell over backward[*4] — right onto the train tracks.

Knowing the train was coming soon, Wesley acted quickly. He asked one of the women to watch his daughters, and jumped down onto the tracks. Wesley had hoped to lift the student back onto the platform, but the man was confused[*5] and weak.

Then, Wesley felt the rush[*6] of air and he heard the sound of a train. Looking up, he saw the bright lights coming quickly toward them. He was out of time.

Wesley did the only thing he could do. Quickly, he pushed the student into the low space between

---

*4 backward：後方へ
*5 confused：混乱した

*6 rush：ほとばしり、勢いよく流れること

の真上に。
　電車が間もなく来ることを知り、ウェズリーは素早く行動しました。その女性の一人に自分の娘たちを見ていてくれるよう頼み、線路に飛び降りました。ウェズリーはその学生を持ち上げてプラットホームに戻そうと思っていましたが、その男性は混乱して力もなくなっていました。
　その時、ウェズリーは突風を感じ、電車の音を聞きました。顔を上げると、まぶしい光が彼らに向かって突進していました。時間切れでした。
　ウェズリーは自分にできる唯一のことをしました。素早く学生を線路の間

the tracks, and then lay on top of him. Wesley held the student's arms and legs down so he could not move, and said, "Sir, please don't move! If you move, one of us is going to die!"

Unable to stop, the train ran right over top of the two men, its brakes making a terrible noise. People on the platform shut their eyes in horror.[*7] When the cars finally came to a stop, there was silence. Then, a voice came up from beneath the train: "We're OK down here!"

The crowd on the subway platform burst into[*8] cheers.[*9]

"I've got two daughters up there," continued

---

*7 in horror：恐怖で
*8 burst into ...：
　突然…になる、どっと…する

*9 cheer：喝采（かっさい）、歓声

の低いスペースに押し込み、その上に自分が横たわりました。ウェズリーは学生が動かないよう腕と足を押さえ、言いました。「どうか動かないで！　動いたら、私たちのどちらかが死にます！」

電車は止まることができず、ものすごいブレーキ音を立てながら二人の男性の真上を通って行きました。プラットホームにいた人々は恐怖で目を閉じました。車両がやっと止まったとき、沈黙がありました。その後、電車の下から声が聞こえました。「こっちは二人とも無事です！」

地下鉄のプラットホームにいた人々はどっと歓声を上げました。

「娘が二人、そこにいるんです」とウェズリーは続けました。「彼女たちに

Wesley. "Let them know their daddy's OK!"

In the days and weeks to come, Wesley was[*10] showered with praise. Donald Trump offered[*11] Wesley a check for $10,000; Wesley's family was given free rides for a year on the subway, and a one-week trip to Disney World; and the school that the

---

*10 be showered with praise：
　称賛を浴びる

*11 Donald Trump：ドナルド・トランプ
　（第45代アメリカ大統領〈2017〜2021年〉。
　アメリカの実業家。
　ニューヨークにあるトランプタワーや
　多くのホテル・ビルの所有者）

パパは無事だと伝えてください！」
　それから何日も何週間もの間、ウェズリーは称賛を浴びました。ドナルド・トランプはウェズリーに一万ドルの小切手を提示しました。ウェズリーの家族は一年間地下鉄に無料で乗れることになり、一週間のディズニーワールドへの旅行をプレゼントされました。またあの若者が通っていた学校はウェズ

このストーリーは、実話に基づいています。2007年に、ウェズリー・オートリーは本当に地下鉄で若い男性を助けました。この話は私たちに、幸せな気持ちになるにはお金や特別待遇は必要ないことを教えてくれます。重要なのは、どんな称賛や報酬を受けるかではなく、自分が正しいと信じる行いをするかどうかということなのです。それで十分幸せを感じられるのです。

young student had been attending offered to teach Wesley's daughters for free.

But on that day — after dusting himself off and seeing the young man safely in the care of hospital staff[*12] — Wesley simply headed off to work[*13]. He was happy to have done the right thing.

[395words]

---

*12 in the care of ... :
…の世話になって、保護されて

*13 head off to ... :…に向かう

リーの娘たちに無償で教育を与えると申し出ました。
　しかし、あの日――自分の体についたほこりを払い、若い学生が病院のスタッフに無事保護されるのを見届けた後――ウェズリーはただ仕事に向かいました。彼は自分が正しい行いをしたことに晴れ晴れとした気持ちでした。

---

p. 258 解答例

I 学生を素早く線路の間の低い空間に押し込み、その上に自分が覆いかぶさった。

2 パパは無事であること。

3 自分が正しい行いをしたことに晴れ晴れとした気持ちで、そのまま仕事に向かった。

slow 🔊 47

Doctor and Father
医者と父親

✳

10代の少年の緊急手術を行うため、一人の外科医が呼び出しを受けた。
遅れてきた外科医を怒鳴りつける少年の父親。
手術は無事成功したが、外科医は説明もそこそこに病院を飛び出した。
憤まんやるかたない父親。しかし、外科医にはある事情が……。

✎ 話の流れをつかもう

I 自分の息子が死んだらどうするかと言われた外科医は何と答えたか?

2 少年の緊急手術の前日、外科医の身に何が起こっていたか?

3 手術の終了後、なぜ外科医はすぐに病院を飛び出したのか?

A surgeon came rushing into her hospital, after being called in to do an emergency surgery on a teenage boy. She got changed and went straight to the surgical ward.

She found the boy's father pacing back and forth

---

*1 surgeon：外科医
*2 emergency surgery：緊急手術
*3 get changed：着替える

*4 surgical：外科の、手術の
*5 ward：病棟、病室
*6 pace back and forth：
落ち着きなく行ったり来たりする

　ある外科医が、勤務先の病院に駆け込んできました。10代の少年の緊急手術を行うために呼び出されたのです。彼女は着替えを済ませ、真っすぐに外科病棟に向かいました。
　手術室の外の廊下では、少年の父親が落ち着かない様子で行ったり来たり

in the hall outside the operating room.

When he saw the doctor, the father yelled, "Where have you been? What took you so long? Don't you know my boy is dying in there? If he dies, it will be your fault!"

しているのが見えました。
　父親は外科医を見て怒鳴りつけました。「どこに行ってたんだ？　なぜこんなに時間がかかった？　息子がそこで死にかけてるのを知らないのか？ 息子が死んだら、あんたの責任だからな！」

The doctor smiled gently and said, "I'm sorry, I was not in the hospital when I got the call. I came as fast as I could. Please, calm down, and let us do our work."

"Calm down?[*7] What if it were your son in the next room, would you be calm?" the father said, even[*8] angrier than before. "What would you do if there were no doctor around and your son died?"

The doctor said quietly, "I would try to remember the words in the Bible: 'All go to the same place; all come from dust and to dust all return.' Doctors cannot save every life; we can only try our best. Go and pray for your son. We will do our best to help

---

*7 What if ... ?:
　もし…としたらどうなるだろうか？

*8 even angrier：よりいっそう怒って

　外科医は穏やかにほほ笑んで言いました。「申し訳ありません。呼び出しがあったとき、私は病院にいなかったのです。できるだけ急いで来たのです。どうか、落ち着いてください。そして私たちに仕事をさせてください」
　「落ち着けだって？　隣の部屋にいるのが自分の息子だったらどうする、落ち着いていられるか？」と父親は言い、いっそういきり立ちました。「医者が周りにいなくて自分の息子が死んだら、あんただったらどうする？」
　外科医は静かに言いました。「私なら、聖書の中の言葉を思い出そうとします。『みな一つ所に行く。皆ちりから出て、皆ちりに帰る』という言葉です。医者は全ての命を救えるわけではありません。精いっぱい頑張ることしかできないのです。さあ、息子さんのために祈ってください。私たちは息子さん

him."

"You don't know what you're talking about," the
father [*9] mumbled [*10] under his breath, walking over to a
bench and [*11] collapsing onto it. His wife put a hand up
to her head, then leaned over to [*12] rest her head against
his shoulder.

The boy was in surgery for hours. When the
doctor finally came out, she said to the parents,
"Everything went well. Your son is going to be OK."
Without waiting for a reply, she rushed down the
hall. She called back, "If you have any questions,
just ask the nurse!" before getting onto the elevator.

"So [*13] arrogant," the father said to his wife. "She

---

*9 mumble：ぶつぶつ言う
*10 under one's breath：小声で
*11 collapse：崩れる、倒れる

*12 rest one's head against ...：
　　頭を…にもたせ掛ける
*13 arrogant：無礼な、傲慢な

を救うために最善を尽くします」
　「あんたは自分の言ってることが分かっちゃいないんだよ」と父親は小声
でぶつぶつ言い、ベンチまで歩いていき、崩れるように座り込みました。彼
の妻は頭に手をやり、彼に体を寄せて肩に頭をもたせ掛けました。
　少年の手術は何時間にも及びました。ようやく外科医が出てきて、「全てう
まくいきました。息子さんは良くなりますよ」と両親に言いました。外科医
は返事を待つこともなく、廊下を駆け出しました。そしてエレベーターに乗
り込む直前に、再び呼び掛けました。「何かご質問がありましたら、看護師に
聞いてください！」
　「何てやつだ」と父親は妻に言いました。「あの医者はちょっと立ち止まっ

couldn't even stop to talk to us for a minute, to tell us how our son is doing?"

The nurse, who had heard what he said, came over and reached[*14] out to touch both of them on the shoulder. "Her son died yesterday in a car crash. She was at the wake[*15] yesterday when she got your call. Now that[*16] she has saved your son, she rushed off to be there when they bury hers.[*17]"

386words

---

*14 reach out：手を伸ばす
*15 wake：通夜

*16 now that ... ：もう…なので
*17 bury hers：彼女の息子を埋葬する

て話すこともできないっていうのか？　息子がどういう状態か伝えることぐらいしたっていいだろう」
　看護師は彼の言葉を聞いていましたが、二人に近づき、手を伸ばして双方の肩に触れました。「先生の息子さんは昨日、交通事故で亡くなられたのですよ。昨日、救急の連絡を受けられたときは、お通夜の真っ最中でした。あなた方の息子さんが助かったので、ご自身の息子さんの埋葬に立ち会うため、急いで出ていかれたのですよ」

これから緊急手術を受ける10代の息子が心配で、父親の怒りは担当医に向けられます。物事は常に目に見える通りとは限らないこと、そして、あまりに性急に他者について判断を下すべきでないことが分かります。「みな一つ所に行く。皆ちりから出て、皆ちりに帰る」は、旧約聖書のコヘレトの言葉の一節です。

---

p. 264 解答例

I 聖書の中の言葉を思い出そうとする。
2 自分の息子を交通事故で亡くしていた。
3 自分の息子の埋葬に立ち会うため。

Burnt Toast
焦げたトースト

✳

幼いころ、「私」は共働きの家で育った。
母は毎日仕事に追われ、夕食を作るのもままならない。
そんなある晩のこと、食卓に着いた父の前に置かれたのは
真っ黒に焦げたトーストだった。父は何と言うだろう。
「私」が固唾をのんで見守っていると……。

🖌 話の流れをつかもう

1 夕食に朝食と全く同じメニューが登場することがあったのはなぜか?

2 焦げたトーストを食べ終えた父親は、「私」に対して何をしたか?

3 トーストのことをわびた母親に対して、父親は何と言ったか?

When I was a kid, my mother worked, and she never got home until 6 in the evening. So she didn't have much time to cook. Sometimes we would just have breakfast food at dinnertime[*1], because it was fast and easy.

---

*1 dinnertime:夕食の時間

　私が子どものころ、母は働いており、夕方6時前に帰宅したためしがありませんでした。そんなわけで、母には料理をする時間もあまりありませんでした。時には、夕食時なのに朝食と全く同じもので済ませてしまうこともありました。短時間で簡単にできたからです。

One night my mother *set out a plate of eggs, bacon, and extremely *burnt toast — it was black — in front of my father.

I *waited to see *if he would say anything, but he just spread butter and jam onto the toast and ate every *bite. He smiled at me and asked how my day at school had been.

My mom told him she was sorry about the toast. He said, "Hey, *honey, no problem. I love burnt toast."

Later that night, when I wcnt to kiss my dad good night, I asked, "Do you really like your toast burnt?" He answered, "It *doesn't really *bother me. Your

---

*2 set out ... : …を並べて置く
*3 burnt : 焦げた
*4 wait to see :
　　様子を見る、成り行きを見守る
*5 if ... : …かどうか
*6 bite : 一口、一かじり

*7 honey : 君、おまえ、あなた
　　（恋人や夫婦など愛する人に対する
　　呼び掛け）
*8 not really ... : あまり…ない
*9 bother : （人を）悩ます、困らせる

　　ある晩のこと、母は、卵にベーコン、そしてひどく焦げた──真っ黒の──トーストが載ったお皿を父の前に置きました。
　　私は、父が何か言うだろうかと様子を見守っていました。しかし、父はただそのトーストにバターとジャムを塗ると、一口残らず食べてしまったのです。そして私の方を向いてにっこり笑い、学校はどうだったかと尋ねました。
　　母が父にトーストのことをわびました。「なあに、どうってことないよ。僕

mother had a long day at work but then went to the *10

trouble of making dinner for us. And we were all

together to eat it. I figure a little burnt toast never *11

---

*10 go to the trouble of ...：
わざわざ…する

*11 figure：…と思う

は焦げたトーストが大好きなんだ」と父は言ったのです。

　夜も更けてから、父におやすみのキスをしに行ったとき、私は「お父さんは、本当にトーストは焦げたのが好きなの？」と尋ねました。

　父はこう答えました。「大したことじゃないさ。お母さんはね、一日中働いてきたんだ。それなのに、わざわざ家族のために夕食を作ってくれた。それを家族そろって一緒に食べた。トーストが少しくらい焦げていたって、誰も

hurt anybody!"

Now I have a family and enjoy working and child-rearing.[*12] I know how easy it is to burn the toast once[*13] in a while.

[208words]

---

*12 child-rearing：子育て　　　　*13 once in a while：時々

困ったことにはならないさ！」
　今では家庭を持ち、仕事や子育てを楽しんでいる私には分かります。ついトーストを焦がしてしまうことが、時にはあるということを。

くたくたで料理なんかする気になれないけれど、それでも家族のために食事の支度をする。そしたら失敗して、料理はめちゃくちゃ。ほとんどの人が共感できる状況です。家族が家事をしてくれたら、あら探しをするよりも、むしろ感謝しないといけませんね。料理に文句をつける家族がいたら、この話を読んでもらいましょう。

---

p. 269 解答例

I 短時間で簡単に用意できたから。
2 にっこり笑って、学校はどうだったかと尋ねた。
3 焦げたトーストが大好きだと言った。

| slow | 🔊 49

Grandma Wang and Wonton

ワンばあちゃんとワンタン

✳

「えっ？ これ、僕に？」。中国の四川省でのこと。貧困で厳しい生活を
強いられていた15歳のシュウに、1杯のワンタンが差し出される。
ワンばあちゃんは、なぜだかシュウをいつも気に掛けてくれるのだった。
ある日、偶然シュウはワンばあちゃんを見掛け……。

🖌 話の流れをつかもう

1 ワンタンを買うお金がなかったシュウは何をしたか？

2 ある日偶然ワンばあちゃんを見掛けたシュウは、彼女のどんな状況を知ったか？

3 ワンばあちゃんは最後はどのように暮らしたか？

In Szechuan[*1], China, there was a 15-year-old boy named Xu whose family was so poor that they could not afford to[*2] send him to school. Every day, Xu would go around asking neighbors for leftovers[*3] to feed a pig that the family kept.

---

*1 Szechuan：四川省
*2 afford to ...：…する余裕がある
*3 leftover：残り物

中国の四川省に、シュウという名の15歳の男の子がいました。家はあまりにも貧しく、彼を学校に行かせる余裕がありませんでした。シュウは、家で飼っている豚の餌にする残飯をもらいに、近所を訪ねて回るのが日課でした。

One day, Xu was walking through the village, pushing his wheelbarrow[*4] as usual, when suddenly he noticed the most delicious smell. It came from a little open-air restaurant that was known for making the best wonton[*5] in town.

"I am so hungry, but I have no money. At least I can enjoy the delicious smell, though," Xu said to himself, breathing[*6] in the aroma[*7] as deeply as he could.

It was then that he heard an old woman calling to him. "Hey, you! Come here and sit down."

"Are you talking to me?" hc said.

"Yep,[*8] come over here. Sit."

Without knowing what was happening, he went to sit down with the old lady. After a short wait, a bowl[*9]

---

*4 wheelbarrow：手押し車
*5 wonton：ワンタン
*6 breath in ...：…を吸い込む

*7 aroma：香り
*8 yep：はい
*9 a bowl of ...：（おわん）1杯の…

ある日、シュウがいつものように手押し車を押しながら村を回っていると、突然たまらなくおいしそうなにおいが漂ってきました。それは、村一番のワンタンを作ることで有名な、一軒の小さな屋台からでした。
「おなかすいたなあ、でも、一銭もないからな。せめて、においだけでも嗅ごう」とシュウは心の中で思い、胸いっぱいその香りを吸い込みました。
そのときです。一人の年老いた女性が自分に呼び掛けているのが聞こえました。「ねえ、あんた！　ここへ来てお掛けなさい」

of wonton was delivered to him. "Here, start in,"[10] the old lady said as she pushed the dish toward him.

Xu was puzzled.[11] "What? Is this for me?"

---

*10 start in：始める   *11 be puzzled：戸惑う

「僕に言ってるんですか？」とシュウは言いました。
「そうさ、こっちへおいで。座って」
　訳が分からないまま、彼はその年老いた女性と一緒に腰掛けました。少しして、1杯のワンタンが運ばれてきました。「さあ、おあがり」と言いながら、彼女は器を彼の方に押してよこしました。
　シュウは戸惑いました。「えっ？　これ、僕に？」

The old lady smiled and said, "Yeah, it's for you. Hurry up and eat it while it's hot."

That was the start of Xu's friendship with the old woman whom he came to call Grandma Wang. Grandma Wang tried to look after him in many ways. Sometimes she would buy him a bowl of wonton or bring him some vegetables from her yard.[*12]

One day, Xu happened to see Grandma Wang walking up to a shabby[*13] house.

"Grandma Wang," he called out to her. She turned and said, "Oh, it's you," and gave a weak smile. She looked sad and tired. It turned out[*14] that Grandma

---

*12 yard：野菜畑
*13 shabby：ぼろぼろの、みすぼらしい
*14 turn out ...：…だということが判明する

　彼女はにっこり笑って言いました。「ああ、あんたにだよ。さあ、温かいうちに早くおあがり」

　それが、シュウがワンばあちゃんと呼ぶようになった老婦人との友情の始まりでした。ワンばあちゃんは、いろいろな面でシュウの面倒を見ようとしてくれました。ワンタンをおごってくれることもあれば、自分の畑で採れた野菜を持ってきてくれることもありました。

　そんなある日のこと、シュウは偶然、ワンばあちゃんが一軒のみすぼらしい家に向かって歩いていくのを見掛けました。

　「ワンばあちゃん」とシュウは声を掛けました。ばあちゃんは振り返り、「おや、おまえかい」と言って、弱々しくほほ笑みました。なんだか悲しそう

Wang's husband was very sick and their son was blind. She was the only one in the family who brought home any money. Even though she had nothing extra,[15] she was sharing her food with Xu.

In 1987, her husband died. Two years later, Grandma could not pay[16] her rent, so she lost her house and had to go to live in a home for the elderly,[17] together with her son. Xu made time[18] as often as possible to visit her and spend some time talking with her.

In 2002, her son became sick and died. It was clear that this loss was very hard for her. Soon after his

---

*15 extra：余分の   *17 the elderly：お年寄り、高齢者
*16 pay one's rent：家賃を払う   *18 make time：時間をつくる

で、疲れているようでした。ワンばあちゃんの夫が重い病気で、息子は目が不自由だということが分かったのです。家族の中で、ワンばあちゃんが唯一の稼ぎ手だったのです。余分なものなど何一つなかったのに、彼女はシュウに食べ物を分けてくれていたのでした。

　ワンばあちゃんの夫は1987年に亡くなりました。2年後、家賃を払うことができなくなった彼女は家を失い、やむを得ず息子と共に老人ホームに移ることになりました。シュウは彼女を訪ね、しばらく話をして過ごすために、できるだけ時間をつくりました。

　2002年には、彼女の息子が病気で亡くなりました。息子を失ったことが、彼女にとってとても耐え難いことであったのは明らかでした。息子の死から

death, Grandma Wang broke both her legs in a[19] traffic accident.

When Xu heard about her accident, he said to his family, "I want to bring Grandma Wang to live with us, as part of our family. She treated me like a member of her family when I was young."

Xu's family agreed, and he went to visit Grandma Wang at the home.

"Grandma Wang, it's time to go home now," he

---

*19 in a traffic accident：交通事故で

間もなく、今度はワンばあちゃんが交通事故で両足を骨折してしまいました。
　事故のことを聞くと、シュウは家族にこう話しました。「ワンばあちゃんを引き取って、家族の一員として一緒に住もうと思うんだ。若いころ、ばあちゃんは僕に自分の家族のように接してくれたんだよ」
　シュウの家族は賛成しました。彼は老人ホームのワンばあちゃんを訪ねました。
　「ワンばあちゃん、家に帰る時間だよ」とシュウは言いました。

このストーリーのポイント

この中国であった実話では、おなかをすかせた10代の男の子に年配の女性が贈った1杯のワンタンが、生涯の友情をもたらします。私たちに、親切が親切を生むこと——「情けは人のためならず」——を思い起こさせます。

told her.

"What home?" said Grandma Wang, clearly confused.[*20]

"We're family. Let's go back to our home."

Soon Grandma Wang did move in as a member of Xu's family. She brought only one possession[*21] with her — a long bamboo[*22] walking stick.[*23] She lived in peace[*24] until January 2014, when she passed away at 94 years old.

535words

---

*20 confused：困惑して、戸惑って
*21 possession：持ち物、所有物
*22 bamboo：竹

*23 walking stick：つえ
*24 in peace：平穏に、穏やかに

　「家って何だい？」とばあちゃんは言いました。明らかに戸惑っている様子でした。
　「僕たちは家族なんだからね。さあ、僕たちの家に帰ろう」
　間もなく、ワンばあちゃんは、本当にシュウの家族の一員として移り住みました。彼女が持ってきた持ち物はただ一つ、長い竹のつえだけでした。そしてワンばあちゃんは、2014年の1月に94歳でこの世を去るまで、穏やかに暮らしたのでした。

---

p. 273 解答例

I　ワンタンの香りを胸いっぱい吸い込んだ。
2　夫が重病で、息子は目が不自由であり、家族の中で彼女が唯一の稼ぎ手だった。
3　シュウの家族の一員として穏やかに暮らした。

Eleanor Roosevelt

エレノア・ルーズベルト

✳

エレノア・ルーズベルトは、20世紀に活躍した女性として、
アメリカで最も尊敬されている女性の一人だ。第32代アメリカ大統領
フランクリン・ルーズベルトの妻であり、女性やマイノリティーに関する
政策では夫に大きな影響を与えた。晩年、夫と死別した後は、
世界人権宣言の起草にも貢献するなど、リベラル派の運動家としても
活躍した。彼女は一体、どのような生涯を送ったのだろうか？

話の流れをつかもう

1 幼いころ、エレノアは母親にどんなことをされたか？

2 イングランドの寄宿学校に入ったエレノアは、どんな生徒になったか？

3 「アメリカ革命の娘たち」という団体からエレノアが脱退したのはなぜか？

   In America, Eleanor Roosevelt is seen[*1] as one of
the most important women of the 20th century.
Married to President Franklin Roosevelt, she
became the First Lady of the United States in 1933.
But she is remembered even more for helping the

*1 see ... as ~：…を〜と見なす、考える

アメリカでは、エレノア・ルーズベルトは20世紀で最も重要な女性の一
人と見なされています。フランクリン・ルーズベルト大統領の妻として、
1933年に彼女はアメリカ合衆国のファーストレディになりました。しかし
それより、女性には重要なことなどできないと信じられていた時代に、貧し

poor and improving civil rights[*2] at a time when many people believed that women could never do anything important.

Eleanor was the daughter of a wealthy public[*3] figure in New York, and her early life was luxurious.

---

*2 civil rights：公民権　　　　　　　　*3 public figure：著名な人物、名士

い人々を助け、公民権を改善したことで、彼女は人々の記憶に一層深く残っています。
　エレノアはニューヨークの裕福な名士の娘として生まれ、幼いころはぜいたくな暮らしをしていました。しかし、彼女は多くの悲しみも抱えていまし

But she also had plenty of grief.[*4] Eleanor's mother often made her young daughter self-conscious[*5] by pointing out her plain[*6] looks, and sometimes playfully[*7] called her "granny"[*8] because of the way she acted old-fashioned for her age. But sadly, Eleanor was only 8 years old when her mother died. Her father also passed away[*9] less than two years later, and Eleanor was alone.

Forced to live with her grandmother, Eleanor found herself lonely. Her life was stable,[*10] but not very loving. Her grandmother's only concern was Eleanor's education. Eleanor was not allowed to play

---

*4 grief：悲しみ
*5 self-conscious：
　　内気な、人目を気にする
*6 plain：地味な

*7 playfully：ふざけて、冗談に
*8 granny：おばあちゃん、おばさん
*9 pass away：亡くなる
*10 stable：安定した、しっかりした

た。エレノアの母がよく娘の地味な外見を指摘したので彼女は人目を気にするようになり、また、母は彼女が年の割に古めかしい振る舞いをすることをからかって、時々「おばあちゃん」と呼んだりもしました。しかし、悲しいことに、エレノアがまだ8歳の時に母は亡くなりました。父もまたそれから2年もたたないうちに他界し、彼女は独りになりました。
　祖母と住むことを余儀なくされ、エレノアは孤独を感じていました。生活は安定していたものの、あまり愛情のある暮らしではありませんでした。祖母の唯一の関心はエレノアの教育に向いていました。エレノアは普通の子ど

like normal children, and her grandmother expected her to speak only if she was spoken to first. As a result, she had trouble fitting in[*11] socially[*12] with other children her age.

When Eleanor was sent to boarding school[*13] in England, it gave her a welcome break from[*14] her lonely childhood. She became an eager,[*15] intelligent and popular student. And after three years at boarding school, she had truly come out of her shell.[*16]

When Eleanor returned to New York in 1902, her grandmother expected her to blend in with[*17] other high-society[*18] women. But Eleanor wasn't very excited

---

*11 fit in：なじむ、適応する
*12 socially：社交的に
*13 boarding school：寄宿学校、全寮制学校
*14 give ... a welcome break from ~：
　　～に別れを告げて…はほっとする

*15 eager：熱心な、やる気のある
*16 come out of one's shell：
　　殻から出る、心を開く
*17 blend in with ...：…に溶け込む
*18 high-society：上流階級の

　ものように遊ぶことが許されず、また、先に話し掛けられたとき以外は口を開かないよう祖母は求めました。その結果、彼女は同じ年ごろの子どもたちの仲間に溶け込むのに苦労しました。
　イングランドにある寄宿学校に送られると、彼女は寂しい幼少時代に別れを告げることができてほっとしました。彼女は熱心で、聡明な人気者の学生になりました。寄宿学校で3年を過ごした後には、彼女は本当の自分を取り戻していました。
　1902年にニューヨークに戻ると、祖母は彼女に上流階級の女性たちに溶け込むことを期待しました。しかしエレノアは、出るように言われたものの、豪華なドレスで着飾ったパーティーにはあまりわくわくしませんでした。し

about the fancy-dress parties she was expected to attend. The parties did, however, introduce her to some of the people that would later change her life.

Like many other young women in her social circle, Eleanor became part of the New York Junior[*19] League. The group was a women's social organization that did volunteer work and helped the poor. Along with a friend, Eleanor visited the poorer areas of New York in order to teach exercise lessons and dancing to young girls. Later she began to visit factories for the first time, and witnessed[*20] some of the terrible working conditions there. The work

---

*19 NY Junior League :
　ニューヨーク・ジュニアリーグ
　（1901年に設立された、
　女性のみのボランティア団体）

*20 witness：…を目にする、…を目撃する

かし、それらのパーティーのおかげで、エレノアは後に自分の人生を変える人たちに出会うことができたのです。
　その社交界にいる多くの若い女性たちと同様、エレノアはニューヨーク・ジュニアリーグのメンバーになりました。その団体は女性の社会的組織で、ボランティア活動を行い、貧しい人々を助けていました。彼女は少女たちに運動やダンスを教えるため、友人の一人と一緒にニューヨークの貧困層が住む地域を訪れました。後には、彼女は初めて工場を見学するようになり、そのいくつかでひどい労働条件を目にしました。そこでの活動によって、エレ

helped Eleanor to understand how protected and privileged[21] her youth had been.

Fortunately, she was able to share these experiences with a new friend — a distant cousin named Franklin Delano Roosevelt. She once asked him to accompany[22] her during her social work so that he could see the poverty[23] for himself. Franklin was[24] deeply moved by what he had seen, and amazed at[24] Eleanor's intelligence and kindness. Happily, Eleanor had found someone who matched her intellectually[25] and emotionally. And on St. Patrick's[26] Day in 1905, the couple was married.

---

*21 privileged：恵まれている、特権を持つ
*22 accompany：…に同行する、付き添う
*23 poverty：貧困
*24 be amazed at ...：…に驚かされる

*25 intellectually：知的に
*26 St. Patrick's Day：
　　セント・パトリックス・デー
　　(毎年3月17日。アイルランドの
　　守護聖人セント・パトリックを祝う日)

ノアは自分の幼少期がいかに守られ、恵まれていたかを理解しました。
　幸運にも、彼女はこれらの経験を新しくできた友人──フランクリン・デラーノ・ルーズベルトという遠い親戚(しんせき)と共有することができました。彼にも自分の目で貧困を見てもらおうと、彼女は一度、自分の社会活動に同行するよう彼を誘いました。フランクリンは自分が目にしたものに非常に心を動かされ、またエレノアの知性と優しさに驚きました。幸せなことに、エレノアは知性の面でも感情の面でも自分に見合う人を見つけたのです。そして二人は1905年のセント・パトリックス・デーに結婚しました。

Their relationship faced one of its toughest challenges when Franklin became paralyzed[*27] from the waist down[*28] due to[*29] a disease. He was forced to put aside his rising political career, and spent a long time trying to improve his health. Eleanor had to take over as[*30] the head of the family, looking after their five children while helping to nurse[*31] Franklin. While Franklin never fully recovered, he became well enough to return to active political life. With Eleanor behind him, He was elected governor[*32] of New York in 1929, and four years later became president of the United States.

---

*27 paralyzed：まひして
*28 waist down：下半身の
*29 due to ...：…が原因で、…のせいで
*30 take over as ...：…を引き継ぐ
*31 nurse：…を看病する
*32 governor：州知事

　フランクリンが病気で下半身まひになったとき、彼らの関係は最も厳しい試練の一つを迎えました。彼は勢いに乗りつつあった政治家としてのキャリアを中断することを余儀なくされ、長い間健康の回復に専念しました。エレノアはフランクリンの看護をしながら5人の子どもたちの世話をし、彼に代わり家長を引き継がなければなりませんでした。フランクリンは完全には回復することはありませんでしたが、活発に政治活動を行うことができるまで良くなりました。エレノアの支えもあり、彼は1929年にニューヨーク州知事に選出され、その4年後にアメリカ合衆国大統領になりました。

Eleanor became one of Franklin's closest advisers in the White House, and they traveled around the country. Now used to public speaking[*33], she even became the first "First Lady" to hold a press[*34] conference of her own, and in a surprising decision, invited only women reporters to attend.

But perhaps the proof of Eleanor's determination[*35] came when the Daughters of The American[*36] Revolution, a group she had been a member of, refused to let the African-American opera singer Marian Anderson perform in their building. Mrs. Roosevelt quit the organization to protest[*37] this racist[*38]

---

*33 public speaking：
　演説、人前でスピーチをすること
*34 press conference：記者会見
*35 determination：決意

*36 Daughters of The American Revolution
　（＝DAR）：アメリカ革命の娘たち
　（略称DAR。アメリカの独立を
　支えた人たちの女性子孫から成る
　愛国的ボランティア活動団体）
*37 protest：…に抗議する
*38 racist：人種差別的な

　エレノアはホワイトハウスでフランクリンにもっとも近い相談役の一人になり、一緒に国中を回りました。もう人前で話すことにも慣れ、彼女は自分の記者会見を開いた最初の「ファーストレディ」にまでなり、女性記者のみを招待するという驚きの決定を下しました。
　しかしエレノアの決意の固さを証明したのは、おそらく、「アメリカ革命の娘たち」という、彼女が所属していた団体がマリアン・アンダーソンというアフリカ系アメリカ人オペラ歌手に自分たちのビルで歌うことを拒否したときでした。ルーズベルト夫人はこの人種差別的決定に抗議してこの団体を脱

decision, and gave her support to the free public concert that was later organized at the Lincoln*39 Memorial.

Eleanor Roosevelt accomplished*40 many more incredible*41 things in her life. Despite her lonely, privileged background, Eleanor worked hard to learn about the lives of ordinary*42 people, and then to help improve them. She once wrote, "You must do

---

*39 Lincoln Memorial：リンカーン記念館
　　（ワシントンD.C.にある
　　リンカーン大統領の記念館）

*40 accomplish：…を成し遂げる
*41 incredible：すごい、驚くべき
*42 ordinary：普通の

退し、後にリンカーン記念館で開かれた無料の一般向けコンサートを支援しました。
　エレノア・ルーズベルトはその生涯で、ほかにも多くの偉業を成し遂げました。孤独に包まれた、特権階級の出であるにもかかわらず、エレノアは普通の人々の生活について学び、そしてそれを改善しようと努力しました。彼女はかつてこう書いています。「自分にできないと思われることをやらなけ

エレノア・ルーズベルトは特権階級に生まれました。実はわれわれもそうなのです。世界を見渡せば、自分よりもっとずっと貧しい生活をしている人はたくさんいます。エレノアの話は、自分の快適な社会の外にはもっと大きな世界が広がっているということを思い出させてくれます。われわれは皆、困っている人々を見つけて助けることができるのです。

the thing you think you cannot do." And it is[*43]
unlikely that anyone imagined that the young girl
who had been teased for being plain and old-
fashioned would grow up to become such a strong,
modern woman. Eleanor Roosevelt gave many of
America's most neglected[*44] people a happier future,
because she believed in doing what she thought she
could not do.

771words

---

*43 it is unlikely that … :…とは思えない　　*44 neglected：見過ごされている、
なおざりにされている

れ ばいけません」。地味さや古めかしい振る舞いをからかわれた少女が、その
ような強く現代的な女性になるとは誰も予想できなかったでしょう。エレノ
ア・ルーズベルトは、自分にできないと思われることをすることを信条とし
ていたために、アメリカで最も顧みられることのなかった多くの人々に幸せ
な未来を与えたのです。

p. 280 解答例

1 地味な外見を指摘されたり、「おばあちゃん」と呼ばれたりした。
2 熱心で聡明な、人気者の生徒になった。
3 団体の人種差別的決定に抗議するため。

LifeStraw
ライフストロー

✳

高校を卒業してナイジェリアに渡ったミケル・ベスタガード・フランドセンは、
商売で稼ぐ一方、貧困により死んでいく子どもたちの存在に気づく。
帰国して家業の織物会社で働き始めた彼は、自分の会社で
作っているものを活用して、子どもたちを救えないかと考え……。

🖌 **話の流れをつかもう**

1 発展途上国の子どもたちは、何が原因で病気になったり命を落としたりして
  いるか?

2 ナイジェリアから帰国したフランドセンは、自分の家業の会社が何を作れるこ
  とに気付いたか?

3 発展途上国の人々がきれいな水を飲めるようにするために、フランドセンは
  何を開発製造させたか?

When Mikkel Vestergaard Frandsen was 19, he
left his high school in Denmark and traveled to
Nigeria. He soon began importing used clothing

ミケル・ベスタガード・フランドセンは19歳でデンマークの高校を卒業し、
ナイジェリアへ旅に出ました。ほどなくして彼は、古着やトラックの部品を

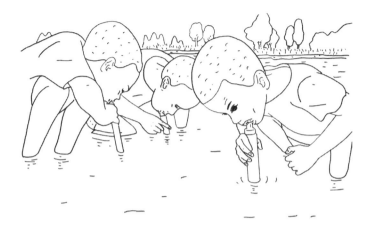

and truck parts into Nigeria. His main purpose was to make money, and he did quite well. But his experience in Nigeria touched his heart in ways that changed his career and would change the lives of many others for the better.

In Nigeria, Frandsen got a close look at the

ナイジェリアに輸入する商売を始めました。主たる目的はお金を稼ぐことでしたが、かなりうまくいきました。しかし、ナイジェリアでの体験は彼の心に、自身のキャリアばかりでなく、他の多くの人々の生活をより良い方向へと変えていく形で、影響を与えたのです。

　フランドセンはナイジェリアで、貧困がもたらす苦しみを間近に見ました。

suffering that poverty[*1] causes. He saw that children suffer and die every day from diseases that are not big problems in rich countries. In the developing[*2] countries, many children die because the water they drink is not clean and makes them sick. Mosquitoes also carry deadly[*3] diseases. Frandsen realized that much suffering could be prevented with very simple things like water filters[*4] and mosquito nets.

After a year in Nigeria, Frandsen went home in 1992 and began working at his family's textile[*5] business. But he saw the business in a new way now. He found that his family's company could make

---

*1 poverty：貧困
*2 developing country：発展途上国
*3 deadly：致命的な、命に関わる

*4 water filter：浄水器
*5 textile：織物、繊維製品

豊かな国々ではさして問題にならない病気のせいで、子どもたちが日々、苦しんで死ぬのを目の当たりにしました。発展途上国では、きれいでない水を飲むことで病気になり、多くの子どもが死んでしまいます。また、蚊が致命的な病気を運びます。フランドセンはそうした苦しみの多くが、浄水器や蚊帳など、ごくシンプルなもので防げることに気づきました。
　ナイジェリアでの1年の後、フランドセンは1992年に帰国し、家業の織物会社で働き始めました。ところが、その事業に対し、今や新しい見方をするようになっていました。自分の家業の会社が、貧しい国々の命を救うために

things that helped save lives in poor countries.
Within a year, it began making blankets and tents
for aid workers in poor countries. Then, Frandsen
had the company make mosquito nets — a simple
item that saves lives.

But Frandsen wanted to do even more. There must
be a way, he thought, to help people in developing
countries get clean drinking water. He began
working with The Carter Center in the United
States, a human rights organization,[*6] and a new idea
was created. Children in Nigeria often drank
unclean[*7] water from streams and ponds. What if a[*8]

---

*6 human rights organization：人権団体
*7 unclean：汚れた
*8 What if ...?：
　もし…としたらどうなるだろうか？

役立つものを作ることができると気付いたのです。1年のうちに、貧しい国々
の援助活動家向けの毛布やテントの製造を開始しました。それからフランド
センが会社に作らせたのは蚊帳——命を救うシンプルなアイテムでした。
　しかし、フランドセンは、さらにもっと役立つことをしたかったのです。
発展途上国の人々がきれいな飲み水を手に入れるのを手助けする方法がある
はずだと考えました。米国の人権団体、カーター センターと協力し始めたと
ころ、新しいアイデアが生まれました。ナイジェリアの子どもたちは、よく
川や池から汚れた水を飲んでいました。その水をストローで浄化できるよう

drinking straw could filter that water?

The result was LifeStraw, a water filter about the size of a karaoke microphone. When someone sucks water through it, filters get rid of almost all the harmful[9] bacteria[10] and viruses.[11] Frandsen had his family's company develop and make the new product, which has become a great success. It's so cheap, easy to use and effective that it has won

---

*9 harmful：有害な   *11 virus：ウイルス
*10 bacteria：バクテリア

にしたらどうだろう？
　こうして生まれたのがライフストローという、カラオケマイクほどの大きさの浄水器です。それを通して水を吸うと、フィルターが有害なバクテリアやウイルスのほぼ全てを除去します。フランドセンは家業の会社にこの新製品を開発製造させた結果、製品は大きな成功を収めました。非常に安価で簡単に使え、かつ効果があることが認められ、2008年度サーチアンドサーチ世

このストーリーのポイント

実在する実業家、ミケル・ベスタガード・フランドセンがナイジェリアに行ったのは、お金を稼ぐためでした。しかしそこで見た苦しみは、彼の心を打ちました。その後フランドセンは、自らのキャリアを発展途上国の苦しみを和らげることに捧げました。蚊帳や浄水器のようなシンプルな日用品で、命が救えることに気付いたのです。フランドセンの最も著名な製品であるライフストローは、ストロー型の小さな浄水器で、きれいな飲み水のない地域に住む多くの人々の命を救っています。

several awards, including the 2008 Saatchi &
Saatchi Award for World Changing Ideas.

Aid groups also are buying hundreds of thousands
of LifeStraws for people who face danger from
diseases and disasters.[12] Two factories now make
LifeStraws, and they are working 24 hours a day to
fill the many orders from groups that help people in
developing countries.

396words

---

*12 disaster：災害

界を変えるアイデア賞をはじめ、いくつかの賞を受賞しました。
　疾病や災害の危機に直面する人々のために、援助団体も何十万本ものライ
フストローを購入しています。今や2つの工場でライフストローを24時間稼
働して生産し、発展途上国の人々を援助する団体からの、大量の注文に応え
ています。

p. 290 解答例

I 汚い水を飲んだり、病気を運ぶ蚊に刺されること。
2 毛布やテントや蚊帳など、貧しい国の人たちの命を救うために役立つもの。
3 ライフストローという名の浄水器。

泣ける、心いやされる、力がわく
英語でちょっといい話 ベストセレクション

発行日：2021年 8月20日（初版）
　　　　2022年12月 1日（第5刷）

企画・編集：株式会社アルク 出版編集部　ちょっといい話製作委員会
英文リサーチ：原田美穂、佐々木順子
英文作成：Peter Branscombe、Margaret Stalker、Owen Schaefer、
Elizabeth Floyd Mair、Braven Smillie、Eda Sterner
校正：Peter Branscombe、Margaret Stalker、玉木史恵
翻訳：原田美穂、佐々木順子、挙市玲子

編集協力：高津由紀子、株式会社エディット
装丁・本文デザイン・DTP・表紙イラスト：山口桂子（atelier yamaguchi）
本文イラスト：泰間敬視、石山好宏、倉永和恵

ナレーション：Bianca Allen、Howard Colefield、Andree Dufleit、
Chris Koprowski、Rachel Walzer、Jack Merluzzi、Bill Sullivan、
Kimberly Forsythe、Carolyn Miller
音声編集：株式会社メディアスタイリスト
印刷・製本：萩原印刷株式会社

発行者：天野智之
発行所：株式会社アルク
〒102-0073　東京都千代田区九段北4-2-6 市ヶ谷ビル
Website：https://www.alc.co.jp/

地球人ネットワークを創る

アルクのシンボル
「地球人マーク」です。